HEYNE<

ACHIM
ACHILLES

ACHILLES' VERSE

Mein Leben als Läufer

WILHELM HEYNE VERLAG
MÜNCHEN

Wichtiger Hinweis:
Die Ratschläge in diesem Buch sind vom Autor und Verlag sorgfältig erwogen und geprüft. Sie bieten jedoch keinen Ersatz für kompetenten medizinischen Rat. Jede Leserin und jeder Leser ist für sein eigenes Handeln selbst verantwortlich. Alle Angaben in diesem Buch erfolgen daher ohne jegliche Gewährleistung oder Garantie seitens des Verlags oder Autors. Eine Haftung des Autors bzw. des Verlags und seiner Beauftragten für Personen-, Sach- und Vermögensschäden ist ausgeschlossen.

Verlagsgruppe Random House FSC® N001967
Das für dieses Buch verwendete FSC®-zertifizierte Papier
München Super liefert Arctic Paper Mochenwangen GmbH.

4. Auflage
Vollständige überarbeitete und erweiterte Neuausgabe 04/2011
Copyright © 2006/2011 by SPIEGEL ONLINE GmbH, Hamburg, und
Wilhelm Heyne Verlag, München,
in der Verlagsgruppe Random House GmbH
Printed in Germany 2014
Umschlaggestaltung: Eisele Grafik-Design, München,
nach einer Grafik von Anna Korolewicz
Satz: C. Schaber Datentechnik, Wels
Druck und Bindung: GGP Media GmbH, Pößneck
ISBN 978-3-453-60206-9

http://www.heyne.de

Für Mona

INHALT

Vorwort zur Neuausgabe 11
You never run alone 13

Achilles' Verse

1. »Schatz, leg dich wieder hin!« 19
2. Irrer im Regen 23
3. Die besten Trainingspläne der Welt 27
4. Laufen allein genügt nicht 34
5. Dreh dich nicht um 38
6. Zwieback spritzen 42
7. Unterm Weihnachtsbaum mit George Clooney 47
8. Unendliche Weiten 52
9. Disteln im Schritt 56
10. Ich, der hechelnde Klimakiller 60
11. Terroristen mit Stock 64
12. Der Menschenflüsterer 68
13. Zum Teufel mit der Nutellasehne 72
14. Frostschutz für Frustrierte 77
15. Goldene Schenkel, versilberter Ruhm 81

16. Dieses verdammte Unbehagen 85
17. Angriff der Ballonseiden-Ossis 90
18. Aua 95
19. Folterkeller Fitnesscenter 100
20. Po oder Contra 106
21. Die Angst läuft immer mit 110
22. Die Renngräte und der Suppenkasper 114
23. Die Flaschen mit den Flaschen 119
24. Mentaliban gegen das Moppel-Ich 124
25. Power dank Pillen 128
26. Aus der Hose lugt die Otternase 134
27. Bett-Marathon mit Folgen 138
28. Läufer retten den Standort Deutschland 142
29. Pepe, die grunzende Walkerin 146
30. Markenfetischismus in XXXL 150
31. Orangenplantage in der Hose 154
32. Der Feind in meinem Nagelbett 158
33. Sting in Kittelschürze 164
34. Vorzeitiger Grußerguss 169
35. Ganz nackig 174
36. Versunken im Wadenmeer 178
37. Der Fluch des dicken Bademeisters 182
38. Schweden-Alarm 186
39. These shoes are made for running 190
40. Renner nach Maß 194
41. Beim ersten Mal tut's immer weh 198
42. Wie ich den Hamburg-Marathon überlebte 203
43. Das große schwarze Loch 208
44. Hawaii, ich komme 211

45. »Igitt, saukalt!« 215
46. Nackte Walker und ein wilder Wels 219
47. Brillen? Viel, Mann! 223
48. Im tiefen Tal der Beutelratten 227
49. Die Elite mit den Edding-Orden 231
50. Der Sonntag der lebenden Leichen 235
51. Eine Mistkröte namens Herbst 239
52. Das magnetische Sofa 244
53. Achims großes Läuferhoroskop 248

VORWORT ZUR NEUAUSGABE

Neulich, nach einer Achilles-Läufer-Show, die mal wieder richtig spaßig geraten war, legte ein älterer Sportsfreund seine drahtige Hand auf meine Schulter. »Mach einfach so weiter«, sagte er leise und verschwand. Guter Rat, nur: Was bedeutete er? Sollte ich weiter so langsam laufen wie bisher? Weiter das Training schwänzen? Weiter mit Mona scharmützeln?
Ich nahm es als eher philosophischen Hinweis: Weitermachen, das ist eben das Mantra des Läufers, irgendwie bewegen, zur Not sogar Gymnastik. Aber niemals stehen bleiben.
Womit wir bei der Neuauflage dieses Buches wären: In fünf Jahren hat sich »Aus dem Leben eines Läufers« zum unterhaltsamen Standardwerk der Läufer-Szene entwickelt.
Die überwältigende Zustimmung aus Fach- wie Laienkreisen hat den von seiner westfälischen Natur her äußerst bescheidenen Autor zutiefst gerührt und zugleich die verlockende Frage aufgeworfen: Soll er seiner angeborenen Trägheit folgen und sich auf diesem kleinen Ruhm einfach ausruhen in seinem Penthouse inmitten all der schnuckeligen Groupies, die sich darum balgen, wer latschenkieferhaltiges Massageöl auf seine derzeit eher mittelgut trainierten Beine auftragen darf?
Niemals! Weitermachen heißt die Parole, nicht nur beim Training, sondern auch zwischen den Buchdeckeln. Weil sich im Laufe der Jahre doch einiges geändert hat, war es an der Zeit, auch

hier weiterzumachen und die guten alten »Achilles' Verse« gründlich durchzusehen, einige Fehler zu tilgen und neue Erkenntnisse unterzubringen. Und weil sich das in unseren Bonus-Zeiten so gehört, wurden gleich noch ein paar prima Kapitel extra dazugepackt.

So, genug geplaudert – das Training ruft. Wir sehen uns auf einem der vielen Läufe, die uns Hölle und Heimat zugleich bedeuten.

Bis dahin: Einfach so weitermachen!

Herzlich, Achim Achilles

YOU NEVER RUN ALONE

Wer läuft, ist der Welt entrückt. Jeder, der auch nur einmal in seinem Leben an einem Volkslauf teilgenommen hat, fühlt dieses unbändige Verlangen, seine eigene Philosophie zu entwerfen. Wer je das süße Gift des Endorphins schmecken durfte, der glaubt, ihm sei Einsicht in letzte Wahrheiten gewährt worden. Kein Wunder, dass die Kirchen leer sind. Die Menschen feiern ihren Ersatzgottesdienst, indem sie am Sonntagmorgen durch die Grünanlagen hecheln.

Laufen ist gut, globaler Minimalkonsens, Weltreligion und findet immer mehr Anhänger. Über zehn Millionen Deutsche laufen regelmäßig, ebenso viele haben es schon mal versucht. Doppelt so viele würden gern anfangen oder sollten – ihr Arzt oder, schlimmer noch, der Partner hat es befohlen. Statistisch betrachtet besteht das halbe Land aus potenziellen Läufern. Und die andere Hälfte lacht darüber.

Gurus, Heilige, Pharisäer und Scharlatane gibt es reichlich und die entsprechende Menge Kampfliteratur: Bibeln, Katechismen und Litaneien, Abweichlerisches und Frevelhaftes. Deren Botschaften klingen für Freizeitläufer wie Peitschenhiebe aus dem Märtyrerhandbuch: Steh früher auf! Friss nicht so viel! Ruiniere deine Beziehung und alle Freundschaften! Leiste mehr! Verkneif dir das Bier! Halt die Klappe, laufe schneller! Öfter! Länger! Verschwende deine Wochenenden! Kaufe immer neue

Schuhe und Pillen! Fülle Tabellen aus! Zweifle an dir! Quäl dich, du Sau!

Dieses Buch ist anders. Es will weder befehlen, umerziehen noch zwangsbeglücken. Dennoch, oder gerade deswegen, bietet es Lebenshilfe für Läufer, für die, die es werden wollen, für ihre bemitleidenswerten Angehörigen und zuletzt für jene, die die stetig wachsenden Horden karnevalsbunter Strammwaden im deutschen Unterholz verständnislos bis amüsiert beobachten.

Seit Herbst 2004 erscheinen *Achilles' Verse* auf SPIEGEL ONLINE und seit 2008 versorgt www.achim-achilles.de die Sportsfreunde mit Wissenswertem, Kuriosem, kostenlosen Trainingsplänen und Spaß. Hunderttausende von Freizeitläufern lesen und leiden mit einem von ihnen, der sich nur manchmal besser macht als er ist. Sie mailen ihm ihre Sorgen, Freuden, Erlebnisse, sie hassen, sie verachten und sie lieben ihren Achilles. Denn er gibt seinen Lesern immer wieder das Gefühl: You never run alone. Da sind Millionen anderer wie du, die genau in diesem Moment auch keine Lust haben, sich aus dem warmen weichen Bett zu schälen, um in die klammen Schuhe zu rutschen. Laufen ist kein Spaß, sondern jedes Mal aufs Neue eine Heldentat.

Sie halten das Tagebuch eines Läufers in den Händen, geschrieben mit dem Blut wund gescheuerter Innenschenkel, dem Schweiß hunderter Trainingskilometer, mit Tränen der Freude darüber, etwa einmal im Jahr so schnell ins Ziel zu kommen, wie insgeheim erhofft. Hier geht es zu wie im wahren Läuferleben; manchmal ehrgeizig, bisweilen träge, oft ungerecht und engstirnig, grundsätzlich aber fröhlich und unbeschwert, und immer lehrreich.

Dieses Buch ist ein Freund. Es weint, es lacht, es spinnt, es leidet, es hasst, es fabuliert, es hofft mit dem Läufer. Es handelt von kleinen Erwartungen und großen Enttäuschungen, von der Jagd nach dem Glück und dem permanenten Scheitern dabei. Es kennt jede Ausrede, warum es mit der Spitzenleistung wieder nicht geklappt hat, und liefert noch neue: das Wetter, die Flasche Rotwein vom Vorabend, ein verdächtiges Ziepen in der Wade, ein Rudel Walker,

das den Weg blockiert, Magendrücken oder der mentale Knockout, wenn eine ältere Dame unvermittelt überholt.
Gleichwohl verströmt die älteste Fortbewegungsart des homo sapiens im Zeitalter von Totalmobilität und Standheizung eine nie da gewesene Faszination, die schnell in Abhängigkeit umschlägt. Eben dieser Sucht ist Achim Achilles erlegen.
Achim ist in den Vierzigern, er bewältigt tapfer Beruf und Familie. Irgendwann kamen der Job, Mona, die beiden Jungs, der Rotwein, das schöne weiche Sofa und der weniger schöne weiche Ring an der Hüfte. Seine Frau Mona findet, ihr Mann sollte ein Hobby haben. Aber Achim mag keine Hobbys. Wozu gibt es die »Sportschau«?
Vor 20 Jahren war Achim sportlich, wobei die Legenden von seinen Heldentaten, die er seinem Sohn Karl auftischt, mit der Realität nicht immer übereinstimmen. Aus der unspektakulären Siegerurkunde bei den Bundesjugendspielen 1975 wird in der Rückschau schon mal die Teilnahme an »Jugend trainiert für Olympia«. Sein Sohn rennt ihm längst davon, und die Geschichten von damals glaubt er schon lange nicht mehr.
Eines Tages war es schließlich so weit. Am Morgen hatte er den Arzt besucht, weil er sich schon seit Monaten unerklärlich schlapp fühlte. Der Doktor, ein sehniger Bursche, hatte ihm einen Klaps auf die Schulter gegeben und »etwas mehr Bewegung an der frischen Luft« verordnet. Nachdenklich hatte Achim die Praxis verlassen. Beim Mittagessen hatte er erstmals seit Jahren auf den gewohnten Nachschlag verzichtet. Abends schließlich warf er die alten Gürtel weg, die seine Frau ihm vorwurfsvoll über den Schreibtischstuhl gehängt hatte. Er hatte es satt, immer neue Löcher ins Leder zu bohren.
Kurz vor dem Einschlafen war ein Entschluss gefallen, der sein Leben verändern sollte. Ab morgen würde er laufen, vielleicht nicht täglich, aber mehrmals die Woche. Er raunte es seiner Frau Mona zu. Die lachte nur: »Du doch nicht.« Sein Ehrgeiz war geweckt. Seiner Mona würde er es zeigen, und dem Rest der Welt dazu.

Seither begleiten die Leser ihren Achim auf seinem Weg in ein geheimnisvolles Paralleluniversum der Laktate und Aminosäuren, von den ersten schweren Schritten bis zum Marathon. Sie erfahren über den Sinn (oder Unsinn) von Tempoläufen im Herbststurm, sie durchleiden die Langeweile von dreieinhalbstündigen Ausläufen und quälenden Motivationstiefs.

Laufen, das ist die universellste und einfachste Sprache der Welt, ob barfuß in den Slums oder auf 350-Dollar-Sohlen in Malibu. Andererseits ist Laufen furchtbar kompliziert: jede Woche eine neue Studie zu korrekter Atmung oder falscher Technik. Der Bedarf an Orientierung ist so gewaltig wie die stille Hoffnung, einen Schuh, ein Hemd, einen Zaubertrank zu entdecken, der einen etwas schneller macht.

Achilles kommentiert gnadenlos die Absurditäten einer milliardenschweren Fitnessindustrie. Zugleich ist er »Power-Shopper«, der an kaum einem neuen Produkt vorbeilaufen kann: Diesmal könnte es ja tatsächlich helfen. Seine Selbstversuche haben so manchem Läufer schon unsinnige Ausgaben erspart. *Achilles' Verse* ermutigen zur Skepsis gegenüber dem Fitness- und Schönheitsterrorismus mit seinen dreisten Lügen.

In einer Schicksalsgemeinschaft mit seinen Lesern arbeitet Achim Trainingspläne ab, er testet Pillen und Pülverchen, friert auf vereisten Pfaden, trotzt dem Durst im Hochsommer und wundert sich über allerlei rätselhafte Körpervorgänge. Natürlich träumt Achim wie nahezu alle Läufer davon, eines Tages einen Marathon in einer halbwegs akzeptablen Zeit zu bestehen, jenem allseits anerkannten Nachweis von Härte, Zähigkeit und Leistungswillen.

Was Achim erlebt, das kennen Millionen von Freizeitläufern, vom Olympioniken bis zum Walker mit 45 Kilogramm Übergewicht: die Qual des Aufstehens, die Motivationstricks, die alle nicht funktionieren, die fragenden Blicke der Nachbarn, der selbst gemachte Druck, die Freude, sich wieder überwunden zu haben.

Achilles macht keinen Hehl daraus, dass ihn nicht Glück treibt oder Freude, sondern das schlechte Gewissen. Laufen, das ist nicht orgiastische Erfüllung, wie mancher Guru behauptet, sondern schlichtweg das kleinste Übel, um in einer leistungsgeilen, diäthungrigen Sixpack-Gesellschaft einigermaßen zu bestehen. Dieses Laufbuch ist für alle da. Für den Anfänger, der mit Interesse verfolgt, was dieser seltsame Achilles treibt, für den Fortgeschrittenen, der Achims Sorgen, Hoffnungen und Nöte bestens kennt und für den Profi, der sich amüsiert über die ungelenken Versuche, ein bisschen besser zu werden. Und schließlich sind da noch die Partner, die wahren Helden im Laufkosmos, die in stillem Heldentum Entspannungsbäder vorbereiten, Berge kohlenhydratreicher Speisen anrichten, übel riechende Socken und verdreckte Laufschuhe überall in der ganzen Wohnung erdulden und Schränke voll gestopft mit hässlichen Finisher-T-Shirts.
Läufer sind weder Ästheten noch Visionäre. Sie sind knallharte Realisten. Oder werden es spätestens nach der Lektüre von *Achilles' Verse*. Wie jeder Läufer hat auch Achim die Hoffnung begraben müssen, mit einem Waldlauf könne man einer bösen Welt entfliehen. Laufen, das ist so gemein und widersprüchlich wie das ganze Leben. Nirgendwo ist die Freiheit so grenzenlos wie in Laufschuhen, nirgendwo gelten zugleich die Gesetze der Leistungsgesellschaft unbarmherziger. Der Wert eines Menschen wird in Zehntelsekunden bemessen, keine Ausrede gilt. Hinter vordergründigem Sportsfreund-Getue herrscht egomanische Kälte von sibirischen Dimensionen.
Davon lässt sich Achim Achilles nicht unterkriegen. Er ist ein Kämpfer, ein stiller Held des Alltags, ein Gebrauchsphilosoph. Auf kleinen Läufen durchdenkt er die ganz großen Probleme der Menschheit. Darf man ausschließlich zum Zwecke der Selbstqual in Laufschuhe zu 150 Euro steigen, die am anderen Ende der Welt zu Hungerlöhnen zusammengenäht wurden? Sind Politiker, die laufen, die besseren Volksvertreter? Ausdauersportler die besseren Liebhaber? Und warum muss man bei Trainingsläufen im-

mer genau dann auf die Toilette, wenn man am weitesten von einer entfernt ist? Achim Achilles motiviert ohne zu drängeln, er lehrt ohne zu schulmeistern, er hilft ohne zu quälen.

Dieses Buch verkündet keine endgültigen Wahrheiten, es versucht es nicht einmal. Dennoch gibt es Tipps und Hinweise für ein ganzes Läuferjahr, vom mühsamen Leistungsaufbau im Winter bis zum Feilen am Tempo vier Wochen vor dem Wettkampf des Lebens. Am Ende jeder Kolumne erfahren Anfänger Grundsätzliches und Fortgeschrittene womöglich noch etwas Neues. Diese Tipps und Anregungen fügen sich zu einer Laufschule für halbwegs systematisches, womöglich sogar erfolgreiches Training.

Ob diese Hinweise wirklich helfen, muss jeder Läufer an sich selbst ausprobieren. *Achilles' Verse* sind so individuell wie jeder einzelne Läufer. Eine Erfahrung ist jedoch allen gemein: Wer einmal anfing, der absolviert nicht nur zwei, drei, zehn Stunden Galopp die Woche, sondern beginnt ein neues Leben.

Laufen ist die große Freiheit, jedenfalls manchmal, für ein paar Sekunden. Nirgends ist das Leben leichter und unkomplizierter als auf einem strammen Schlussspurt. Jeder Athlet ist frei zu entscheiden, ob er Materialschlachten und Zehntelsekundenjagden mitmacht oder ob er in den alten ausgebeulten Jogginghosen jahrelang die immer gleiche Runde abzockelt. Jeder Läufer kann jederzeit aufhören. Und jeden Tag aufs Neue wieder anfangen. Laufen, das ist die größte Massenbewegung der Welt. Millionen Verrückte sind dabei. Achim Achilles ist einer von ihnen.

1.
»SCHATZ, LEG DICH WIEDER HIN!«

Der Vorsatz ist ein guter. Mal wieder etwas für die Fitness tun. Aber warum ausgerechnet früh am Morgen? Geht es nicht etwas später? Nein, keine Ausrede. Heute muss es sein.

Plöpp … plöpp … plöpp. Dieses Plöppen kann kein Traum sein. Habe ja die ganze Nacht nicht geschlafen. Bei diesem Stechen in der Lunge. Und dann das tückische Ziehen in der rechten Wade. Die gruselgrüne Anzeige des Weckers steht auf halb sechs. Plöpp … plöpp. Und jetzt auch noch Regen. War ja klar. Ausgerechnet am ersten Tag. Meinem Neustart. The morning of a new beginning.
Plöpp … plöpp … plöpp. Was ist, wenn der Regen stärker wird? Und noch Wind aufkommt? Es ist November. Saugefährlich, das nasse Laub auf den Wegen. Lieber im Bett bleiben. Kein Risiko eingehen beim ersten Mal nach dreieinhalb Jahren Sportpause. Ich leide an Morbus Fischer: Ich dachte auch mal, Laufen sei mein Leben. Dann kam die Arbeit. Das Rotwein-Seminar. Dieses Ziehen in der Wade. Die Familie. Und diese Müdigkeit.
Plöpp … plöpp … plöpp. In gut fünf Monaten ist Marathon in Hamburg, vier Wochen später ein weiterer Geburtstag. Und ich habe acht Kilo zu viel. Mindestens. Ich werde in Hamburg starten. Dafür habe ich ein ambitioniertes Trainingsprogramm aus dem Internet geladen. Der Start ist HEUTE. Mona weiß nichts

davon. Niemand weiß davon. Nur Klaus Heinrich, mein Trainingspartner. Er ist auch für Hamburg gemeldet.
Plöpp ... plöpp ... plöpp. Seit gestern Abend habe ich dieses Kratzen im Hals. Für ein paar Kilometer lockeres Eintraben sollte man keine Lungenentzündung heraufbeschwören. Und dieses Ziehen in der Wade. Fühlt sich gar nicht gut an. Das ist nicht nur eine Muskelverhärtung. Da ist mehr, das spürt man gleich. Geht ja schnell. Eine unbedachte Bewegung. Und zack. Adduktoren wahrscheinlich. Morgen reicht auch.
Plöpp ... plöpp ... plöpp. Mona grunzt ins Kopfkissen. »Du läufst ja doch nicht«, hatte sie gestern Abend gesagt, »ist ja noch dunkel um halb sieben.« Ich hatte nicht geantwortet. Was auch? Eine entschlossene Replik wäre riskant gewesen, bei einer so labilen Wade. Grinsen hätte auch nicht geholfen. Nur die Tat spricht für sich.
Mona gehört zu den Menschen, die nie das Durchhaltevermögen entwickelt haben, das Läufer auszeichnet, diesen Biss, den Willen dranzubleiben, das Sich-quälen-Können. Mona ist ein Wellness-Mensch; sie glaubt, dass Walken Fett verbrennt und dass ein Balance-Duschbad was mit Meditieren zu tun hat. Mona trinkt grünen Tee.
Mona wollte auch mal laufen, vorletztes Jahr, mit einer Frauenlaufgruppe, die erstmal eine Stunde herumgestretcht hat, bevor sie einmal um den Ententeich getrabt ist. Ihre Freundin Sybille hat ihr erzählt, sie sei eineinhalb Stunden beim Laufen gewesen. Das hat meine Frau abgeschreckt. Mona kauft jede Zeitung, in der steht, dass man ohne Sport fit wird, so ganz auf sanft. Unsinn.
Plöpp ... plöpp ... plöpp. Es regnet nicht mehr. Es pladdert. Ach, du Schreck: meine neuen Schuhe. Der Verkäufer im Ausdauertempel hatte doch sinngemäß etwa gesagt, dass diese neue Hightechfaser so gut wie keinen Regen verträgt, oder? Der Wecker steht auf 10 nach 6. Die Wade schmerzt höllisch. Langsam verschwindet das Plöppen. Sooo müde.

Dingelingdingding. »Es ist 6 Uhr 30. Sie hören die Nachrichten im Deutschlandradio. Berlin: Die Bundesregierung will ihre Sparpläne ...« Meine Handkante fährt über den Nachttisch. Der Wecker fällt leise zu Boden. Er ist auf den Laufklamotten gelandet, die ich gestern Abend schon mal rausgelegt habe. Als Gedächtnisstütze.
Plöpp ... plöpp ... plöpp. Wo ist die Schwimmweste? »Leg dich hin«, raunzt Mona aus dem Kopfkissen. »Ich geh laufen«, entgegne ich und huste leise. Wenn Mona mich wirklich liebte, dann würde sie jetzt sagen: »Aber Schatz, bei dem Wetter holst du dir ja eine Lungenentzündung. Geh doch heute Abend oder morgen.« Aber sie sagt nichts. Ich huste noch mal, etwas deutlicher. Sie schnarcht schon wieder. Natürlich schnarcht sie nicht richtig. Aber es klingt so.
Mit den Laufsachen unterm Arm schlurfe ich ins Wohnzimmer. Karl schläft noch. Er hat erst zur zweiten Stunde. Beim Schuhezubinden zerreißt es mir fast die Wade. Ich setze die Mütze von früher auf. Keine Schrift. Nur ein A, für: Achim, coole Sau. Ich ziehe die Wohnungstür leise ins Schloss. Der Regen peitscht mir auf die Bronchien. Gerade kommt der Zeitungsbote in den Innenhof. Er ist Afrikaner. Ein Laufwunder wahrscheinlich, der es in Kenia nicht bis nach ganz oben geschafft hat. Er guckt mich verwundert an. »Moin«, sage ich, »wir sehen uns jetzt öfter.«

ACHILLES' TIPP 1

Keine Lust

Das Problem an jedem Motivationstrick ist: Man kennt ihn schon. Er funktioniert höchstens einmal – und dann nie wieder. Was wirklich hilft: Verabreden. Absagen per SMS in aller Frühe, das erfordert schon Dreistigkeit und gefährdet nach dem zweiten Mal jede Sportfreundschaft. Der Laufpartner weiß: mit großer Wahrscheinlichkeit gelogen. Was auch hilft: zu Laufwettbewerben anmelden. Wenn in ein paar Wochen der Crosslauf, ein Halbmarathon oder die »5 Kilometer von Worpswede« drohen, dann treibt schon die nackte Panik vor dem Versagen den Athleten in die Botanik. Was vor allem bei Anfängern funktioniert: jeden Abend auf die Waage. Aber Vorsicht: Muskeln sind schwerer als Fett. Deswegen nehmen gerade Anfänger oft noch etwas zu, werden aber mit einer attraktiven Silhouette belohnt.
Mehr Motivationstipps auf www.achim-achilles.de

2.
IRRER IM REGEN

Läufer sind anspruchsvolle Menschen. Nur so rumzujoggen ist profan, darum muss es Ziele geben. Mindestens eine Dreiviertelstunde klingt nicht schlecht. Blöd nur, dass bereits nach ein paar Schritten das große Japsen einsetzt. Manchmal bringt Kreativität bei der Zeitnahme die Rettung.

Es ist kalt. Der Wind peitscht ins Gesicht. Der zweite Schritt landet in einer tiefen Pfütze. Gut, dass Mona den Kreditkartenbeleg für die neuen Laufschuhe nicht gesehen hat, als sie mir gestern mal wieder Bargeld aus der Brieftasche mopste. 140 Euro für diese Treter aus Fortschrittsfaser, die nicht mal wasserdicht sind. Die nassen Socken in den nassen Schuhen schmatzen wie Aliens. Gudrun späht aus ihrem Kiosk. Wahrscheinlich ruft sie gleich die Polizei. »Kommen Sie schnell! Und bringen Sie das Betäubungsgewehr mit! Da läuft so 'n Irrer durch den Regen!« Gudrun raucht und steht sieben Morgen die Woche um halb sechs in ihrem Zeitungsladen. Wer seine Zeit mit Laufen vertrödelt, »der hat se doch nicht alle«, sagt sie.
Seit Jahren hat Gudrun nicht mehr ausgeschlafen. Mir wird es auch so gehen. Die nassen Kunstfasern kleben luftdicht am Körper. Von wegen Membran, die die Feuchtigkeit ausschließlich von innen nach außen transportiert. Das Gegenteil ist der Fall. Mir ist kalt. Ich bin müde. Mir ist schlecht. Ich kann nicht mehr.

Ein Blick auf die Uhr: 4 Minuten 28 Sekunden, und noch nicht mal am Eingang des Volksparks. Wenn ich jetzt umdrehe, wäre ich nach neun Minuten wieder zu Hause. Ich wäre überzeugend nass und dreckig, aber Mona würde nachrechnen und sich schlapplachen. Laufen, Achim, immer weiterlaufen.
Läufer sind erstklassige Kopfrechner. Denn sie rechnen pausenlos, wie lange sie noch laufen müssen, um bei ihren Mitmenschen Eindruck zu schinden. Ich zum Beispiel muss noch mindestens 12 Minuten laufen, bevor ich umdrehe. Die Rechnung ist ganz einfach: 4 gelaufene plus 12 zu laufende macht 16 mal 2 gleich 32 Minuten, eine satte halbe Stunde, schon nah an der Dreiviertelstunde.
Daraus wiederum lässt sich folgender Dialog mit Mona konstruieren:
Sie (scheinbar gelangweilt, in Wirklichkeit aber lauernd): »Naaa, wie lange warste denn unterwegs?«
Er (tut so, als ob er es nicht ganz genau wüsste und guckt auf die Uhr): »Mal rechnen« – leises Zahlenbrummeln – »so 'ne Dreiviertelstunde ungefähr.«
Mona überlegt, wann der Wecker geklingelt hat, weiß nicht, dass ich beim Anziehen getrödelt habe – und kann mir nicht widersprechen. Dreiviertelstunde, das ist die magische Größe. Eine halbe Stunde klingt wie 20 Minuten, also nach gar nichts, die Dreiviertelstunde dagegen hat den Sound der Fast-Vollen-Stunde.
Ich gucke auf die Uhr. 7 Minuten und 13 Sekunden, macht zusammen 14,26. Differenz bis zur Zielzeit knapp 20, also noch 10 Minuten. Der Volkspark Wilmersdorf ist unheimlich. Hier wurde vor Jahren mal ein Jogger umgebracht. Der Täter wurde nie ermittelt. Wahrscheinlich seine Ehefrau. Ihr Mann hatte ihr erzählt, er laufe eine Dreiviertelstunde. Eines Tages hat sie ihn verfolgt und mitgestoppt. Sie kam auf nur 32 Minuten. Jahrelang hatte er sie betrogen. Mona hat zum Glück Angst vor Schusswaffen.

Ein Blick auf die Uhr. 9 Minuten und 48 Sekunden. Fast ein Drittel. Lauf, Achilles, du musst laufen. Die Lunge reißt. Sie ist diese übermenschlichen Belastungen nicht mehr gewohnt. Ich bin zu schnell. Meine Beine werden schwer. Meine Beine? Was ist eigentlich mit der rechten Wade? Ach, du Schreck, völlig vergessen. Ich spüre in die Wade. Nichts. Ich fühle genauer. Gar nichts. Sie läuft wie ein Schiffsdiesel, kräftig, präzise, unverwüstlich. Echte Sportler können kleinere Verspannungen einfach weglaufen, habe ich mal gelesen. Tja, Achilles, du bist schon ein harter Bursche. Training bei Wind und Wetter, du beißt dich durch, gibst alles.

Die Uhr zeigt 29 Minuten und 11 Sekunden, als ich wieder in unsere Straße einbiege. Vor unserem Haus steht Roland, unser Nachbar. Er wartet auf das Taxi zum Flughafen. Dreimal im Jahr schickt ihn seine mittelmäßige PR-Agentur auf eine größere Dienstreise. »Am 2. November muss ich in aller Herrgottsfrühe zum Flieger«, erzählt er schon im September.

Wer »Flieger« sagt, sagt auch »supi« oder »Tschaui« – wie Roland. »Achim, alte Schnecke«, brüllt Roland über die Straße, »du kommst aber spät aus der Kneipe.« Ich sage nichts und gucke wie Bruce Willis in »Stirb langsam«. »Wo warste?«, fragt Roland. »Ooch, kleine Runde durch den Volkspark, nur 'ne knappe Dreiviertelstunde«, sage ich lässig. Erfolglos versucht Roland, seine Bewunderung zu zügeln. Ihm fällt nichts Gehässiges ein.

»Komm doch mit morgen früh«, sage ich. »Neee«, erwidert er, »ich hab da seit Wochen so ein Drücken im Knie, Meniskus oder so.« Ich gucke mitfühlend: »Das kann man weglaufen, so ganz auf locker.« Das Taxi biegt um die Ecke. »Nee, lass mal, 'ne Dreiviertelstunde ist mir eh zu viel«, sagt Roland beim Einsteigen. »Wenn du mal nur 'ne halbe Stunde machst, sagst du mir Bescheid.« Ich sage: »Ja, klar, ist mir aber eigentlich zu wenig.« – »Tschaui«, sagt Roland. Die Uhr zeigt 31 Minuten und 37 Sekunden. Eine Dreiviertelstunde Laufen wäre geschafft.

ACHILLES' TIPP 2

Wie lange laufen?

Ab wann darf der Läufer von einem wirklichen Training sprechen? Schult eine Viertelstunde Zockeln bereits die Ausdauer? Oder ist alles unter einer Stunde nutzlos? Die Antwort heißt wie immer: Kommt darauf an. Der Anfänger sollte darauf hinarbeiten, eine halbe Stunde durchgehend laufen zu können, was um die 4 Kilometer bedeutet. Alles darunter ist zu wenig, denn der Körper braucht schon eine knappe Viertelstunde vorsichtigen Trab, um auf Betriebstemperatur zu kommen. Für Fortgeschrittene gilt: Eine Stunde oder 8 bis 12 Kilometer sind eine ordentliche Übungseinheit. Wer mehr will als dreimal die Woche zum Erhalt von Fitness und Gewicht zu laufen, der sollte darauf achten, die Trainingseinheiten zu variieren. Grundsätzlich gilt: lang und langsam und kurz und schnell. Insofern kann eine Dreiviertelstunde mit Tempoläufen, die nur von kurzen Pausen unterbrochen sind, ein hartes Stück Arbeit bedeuten. Auf keinen Fall gilt die Faustregel: Wer die meisten Wochenstunden läuft, absolviert das beste Training. Dazu später mehr.

3.
DIE BESTEN TRAININGS-PLÄNE DER WELT

Schockierendes Geständnis: Achim Achilles unterscheidet Läufer in zwei Kategorien. Typ A ruht in sich und ist mit wenig zufrieden, Typ B kennt seinen Trainingsplan besser als die Ehefrau. Achims bittere Erkenntnis: Er ist Typ AB.

Es gibt zwei Sorten von Läufern. Typ A wackelt seit Jahren auf der immer gleichen Strecke im immer gleichen Tempo, ohne viel Schwitzen, aber mit sehr viel Reden. Er, und vor allem sie, betrachtet Laufen als geselliges Kreislaufprogramm. Typ A verspürt keinerlei Ehrgeiz, schätzt aber frische Luft und das gute Gefühl, den Körper außerhalb geschlossener Räume zu spüren. Millionenfach bewegen sich A-Typen am Wochenende rudelweise in Deutschlands Grüngürteln. Beneidenswert. Diese Läufer ruhen in sich. Uhren tragen sie selten, Pulsmesser schon gar nicht. Zeit ist ihnen egal, Wettbewerb macht ihnen Angst. Selbst hochwertige kostenlose Trainingspläne ignorieren sie.
Typ B läuft exakt gegenteilig. Jeder Schritt wird protokolliert, jeder Atemzug analysiert und abgeglichen mit der gestrigen Leistung. Typ B schlüpft in die Laufschuhe, um sein Restleben zu kompensieren. Im Job, in der Partnerschaft, überall herrscht Stillstand. Nur auf der Zehn-Kilometer-Strecke ist noch Luft nach oben. Verbessert Typ B seine Bestzeit um fünf Sekunden, dann fühlt er sich tagelang wie ein Olympiasieger. Bleibt er allerdings

eine Zehntelsekunde darunter, ist die Laune auf Wochen ruiniert. Während Typ A sich zu fröhlicher Ambitionslosigkeit bekennt, ist Typ B zerfressen von Ehrgeiz. Jeden anderen Läufer betrachtet er als Feind.

Die schlimmsten allerdings sind die AB-Typen. Und zu genau so einem habe ich mich in fünf Jahren aufopferungsvoller Lauferei entwickelt. Nichts fühlte sich schöner an als eine gute Zeit, nichts erschien mir zugleich peinlicher, als Sekundenhunger zuzugeben. Ich trainierte nach Plänen, zumindest die Teile, die mir sinnvoll erschienen – kontrolliert wird ja eh nicht. Wellness-Laufen ist eine prima Idee, aber völlig realitätsfremd. Soll ich zusehen, wie Kuddel immer schneller wird, während mir die 1000 Meter immer länger vorkommen?

Andererseits: Sollte ich jeden Trainingsabend im Mommsenstadion den Laufkrieg gegen Kuddel anzetteln? Warum eigentlich nicht? Der AB-Läufer ist ein einziger permanenter Widerspruch und zerfrisst sich mit den Jahren von innen: »Zeiten sind mir völlig egal«, sagt der Hybrid, aber er meint: »Nichts ist mir wichtiger als ein Erfolg. Aber ich traue mich nicht, es zuzugeben. Ich könnte ja an meinen großen Zielen scheitern – und dann lachen alle über mich, vor allem die vielen anderen Bs.«

Es war im Frühjahr, als Klemmbrett-Karraß mal wieder mit mir schimpfte. »Entscheide dich endlich, was du willst«, grollte der Coach, »richtig laufen oder spielen.« Wir hatten diese Debatte in den vergangenen fünf Jahren praktisch wöchentlich. Und immer hatte ich mich entwunden. Diesmal sagte ich: »Na gut, diese Saison mal richtig...« Klemmbrett guckte: »Ernst?« Ich antwortete: »Ernst.« Auch wenn ich es drei Sekunden später schon wieder bereute.

Drei Monate später kann ich mein Glück nicht fassen: Bestzeiten beim Laufen, beim Triathlon, aber ohne härter als sonst trainiert zu haben. Nach fünf Jahren mit allerlei verschiedenen Trainingsplänen steht fest: Die Möglichkeit, fast jeden Tag mit anderen Verrückten zu laufen plus permanenter Online-Steuerung vom

Trainer funktioniert, für mich jedenfalls, am besten. Der Rest geht aber auch.

Platz 1: Jens Karraß und JKRunning – Nicht ganz billig, aber effektiv

Wie geht das? Der Athlet gibt jede Woche an, an welchen Tagen er wie lange trainieren möchte. Urlaub, Dienstreise, Verletzung, Elternabend – alles wird berücksichtigt. Fragen werden beantwortet, Zweifel zerstreut. In drei Städten (Berlin, München, Cottbus) Möglichkeit zum Bahntraining. An jedem größeren Lauf in Deutschland nimmt eine JK-Gruppe teil.
Vorteil: Die individuelle Trainingsplanung entspricht den Bedürfnissen des gestressten Multitasking-Menschen. Surreale Ziele (Marathon in drei Monaten) werden mit der Realität in Einklang gebracht.
Nachteil: Keine Ausreden mehr. Nicht ganz billig.
Kosten: Etwa ein Euro am Tag.

Platz 2: Herbert Steffny – Der Golf unter den Trainern

Wie geht das? Steffnys Höhepunkt war das Marathon-Coaching von Moppel Fischer. Nach den Plänen seines legendären Marathon-Buchs haben Tausende von Einsteigern ihr Training gestaltet und tatsächlich in ordentlichen Zeiten gefinished. Das spricht für sich. Steffny ist der Golf unter den Trainern: zuverlässig, praktisch, unspektakulär.
Vorteil: Nicht so paramilitärisch wie bei Greif.
Nachteil: Ziemlich humorlos und langweilig. Typische Planwirtschaft eben.
Kosten: Ein Steffny-Buch.

Platz 3: Peter Greif – Mit dem Schleifer schneller werden

Wie geht das? Der böse alte Mann des deutschen Laufsports hat viele Bestzeiten seiner Athleten aufzuweisen. Schleif-Greif ist der Ausbilder Schmidt unter den Trainern und versendet neben Mo-

natsplänen auch Schuh-Restposten, Atemtrainer und dubioses Gesteinsmehl, das Wunderdinge bewirken soll. Längere Läufe begleitet er auf dem Klapprad, was der Motivation besonders dienlich ist. Das System einmal begriffen, stellt man eine gewisse Unoriginalität fest.
Vorteil: Wer heil durchkommt, wird tatsächlich schneller. Und wer sich gern anschnauzen lässt, hat ebenfalls seine Freude. Leider kommen nicht alle heil durch.
Nachteil: Verletzungsgefahr durch ziemlich hohe Umfänge; nichts für Einsteiger oder Menschen mit einem Leben neben der Tartanbahn oder gar Familie. Kaum Raum für Individualisierung.
Kosten: 120 Euro im Jahr für standardisierte Pläne, die man nach drei Monaten selbst fortschreiben kann.

Platz 4: Dubiose Versprechen – Sicher ins Lazarett

Wie geht das? »Mit vier Stunden Training die Woche in drei Monaten zum Marathon unter zwei Stunden«? Das geht natürlich gar nicht. Aber der Versuch wird immer wieder unternommen, meist, indem die Umfänge von null auf zwölf Stunden die Woche erhöht werden – der sicherste Weg zur lang anhaltenden Sportverletzung.
Vorteil: Hohe pädagogische Wirkung. Wer's überlebt und nach fünf Monaten Reha trotzdem dabei bleibt, liebt das Laufen wirklich.
Nachteil: Schürt den Mythos vom schnellen Glück, erzeugt am Ende aber nur Elend.
Kosten: Drei Klicks im Internet.

Platz 5: Do it yourself – Auf zur multiplen Persönlichkeit

Wie geht das? Nach Lektüre aller Bücher und Webseiten bildet sich der Hobby-Athlet ein, er habe nun alles verstanden und strickt sich seinen eigenen Plan. Im Prinzip möglich, aber realitätsfremd. Das Schwein sagt dem Metzger ja auch nicht, wo er zuerst hinpieken soll. Am Ende wird der selbstgesteuerte Athlet vor allem das trainieren, was ihm Spaß macht. Es soll Menschen geben, bei denen die Methode tatsächlich funktioniert. Aber bei mittelbegabten, strukturfaulen Normalläufern wie Achilles ist der kritische Blick von außen durch nichts zu ersetzen.

Vorteil: Man erlebt sich als multiple Persönlichkeit (Athlet/Trainer).

Nachteil: Man erlebt sich als multiple Persönlichkeit (Athlet/Trainer).

Kosten: Internet-Foren und die gängigen Bücher. Aber die stehen ja eh schon im Schrank.

ACHILLES' TIPP 3

Training nach Plan

Es gibt vier Sorten von Läufern. Die Anfänger wollen einfach nur überleben. Haben Angst vor Schmerzen. Fühlen sich schwach. Sie brauchen keinen Plan, sondern nur die Information, dass der Körper einen Trainingsreiz etwa 72 Stunden speichert. Wird er dann nicht wiederholt, erneuert, bestätigt, sinkt die Leistungsfähigkeit. Das bedeutet: Jeder dritte Tag muss sein, also dreimal die Woche. Recht bald wird der Anfänger spüren, dass er schneller, ausdauernder, leichtfüßiger wird. Dann muss er eine Entscheidung treffen. Will er zur zweiten Sorte gehören, dem Wellness-Läufer, der immer zur gleichen Zeit die gleiche Strecke im gleichen Tempo absolviert? Der braucht auch keinen Plan. Oder packt unseren ehemaligen Anfänger der Ehrgeiz und er will besser werden, ein Fortgeschrittener, ein Läufer der 3. Kategorie? Die gute Nachricht: Das ist durchaus möglich. Die schlechte: Allein und ohne Plan ist es schwer. Je nach angepeilter Leistung gilt ganz grob: Wer schneller und ausdauernder werden will, sollte einmal die Woche lang laufen, einmal schnell, und ein- bis zweimal entspannt.

ACHILLES' TIPP 3

Und dann gibt es da noch, viertens, die Freaks. Die haben Pulsuhr, Handy und PC in Reihe geschaltet, zeichnen jeden Herzschlag auf, ernähren sich vorwiegend von Carnitin mit Aminosäuren und verraten nur noch wenig über ihren Trainingsplan, den sie angeblich von einem äthiopischen Profi auf dem Schwarzmarkt für viel Geld erstanden haben. Grundlegende Trainingsinformationen, die für die meisten Läufer völlig ausreichen, finden sich in jedem Laufbuch.

4.
LAUFEN ALLEIN GENÜGT NICHT

Langsam geht es ans Eingemachte. Wer läuft, muss rundum geschmeidig sein. Gymnastik tut weh und sieht peinlich aus, ist aber nicht zu vermeiden. Nachrichten von der Schaumstoffmatte.

Heute ist Gymnastiktag. Stramme Bauchmuskeln und eine gut gedehnte Beinmuskulatur sind Bedingung für Höchstleistungen. Ich kicke Monas Medizinball mit vorbildlicher Oberschenkelspannung hinter das Bügelbrett. Sicherheitshalber lasse ich die Jalousien runter. Sonst denken die Leute von gegenüber noch, ich bin jetzt auf dem Tantra-Trip. Außerdem ist Monas Gymnastikmatte lila. Darauf muss mich keiner sehen. Karl sitzt vor dem Computer, Mona ist im Supermarkt. Meine alten Laufleggings sind eingelaufen oder über die Jahre geschrumpft. Sind eh hässlich. Nehme ich eben den alten Trainingsanzug. Ich habe die bewährte Snap-Nummer aufgelegt: »I've got the power«. Jane Fonda wäre stolz auf mich.
Ich fühle mich stark. Positiv. Bereit für Übung 1: Vorderer Stütz zur Kräftigung der Körpervorderseite. Paah – meine leichteste Disziplin. Einfach auf Unterarmen und Zehenspitzen ruhen. 30 Sekunden halten. In dieser Position habe ich früher Stunden, ach was, Tage zugebracht. Warum nur fühlt es sich heute anders an als früher? Der verdammte Wecker läuft auch viel langsamer als sonst. Mein Rücken vibriert, mein Bauch tut weh. Blöde Übung.

Nach 30 elenden Sekunden liege ich auf dem Bauch und pumpe. Zum Glück kann ich für Übung Nummer zwei so liegen bleiben. Einfach nur die Unterschenkel hochklappen und die Knöchel greifen, so wie auf dem Foto, das ich mir runtergeladen habe. Aber der verdammte Knöchel ist zu weit weg. Ich komme einfach nicht dran.

Gerade kriege ich einen Schnürsenkel zu fassen, als Mona, noch im Mantel, ins Schlafzimmer stürzt. »Alles klar, Achim?« – »Hmmpf«, bestätige ich. »Dann ist ja gut«, sagt sie, »du hast so laut gestöhnt, da dachte ich, es ist was passiert.« Dass Frauen immer diese Infarkt-Phantasien haben müssen. »Ich mache ein paar Kräftigungsübungen«, sage ich selbstbewusst, nachdem ich den Finger aus dem Schnürsenkel befreit habe. »Übernimm dich nicht gleich am Anfang«, sagt Mona, »du warst doch gestern erst laufen.«

Du wirst dich wundern, Schätzchen, denke ich, ab sofort ist hier jeden Tag Programm. Morgen früh werde ich wieder im Park laufen und am Wochenende einen Kilometer auf Zeit rennen, im Maximaltempo, zur Formüberprüfung, um die Pulsfrequenz im Training zu optimieren. Ich spüre schon die kräftigende Wirkung der ersten Übung. Außerdem tut mein Ellenbogen weh vom Aufstützen. Für den ersten Tag war das ganz ordentlich.

Ich liege auf Monas Matte und blättere durch die Fachliteratur. »Niemand braucht Angst zu haben, von Stabilisationsübungen dicke Muskeln zu bekommen«, schreibt ein gewisser Herr Greif. Interessant. Manchmal macht er mich auf Probleme aufmerksam, die bislang nie welche für mich waren. Für die nächsten Übungen brauche ich einen Hocker, einen Tisch und eine Treppenstufe. Wo zum Teufel soll man im Schlafzimmer eine Treppenstufe herbekommen? Oder soll ich mich im Hausflur zum Affen machen?

Mona ruft Karl zum Abendessen. Ich habe mich bereits abgemeldet. Sie werden sich daran gewöhnen müssen, abends ohne mich zu essen. Nur ein leichter Läufer kann seine Schnelligkeit voll ausspielen. Ich gönne mir jetzt eine Kapsel Apfelessigextrakt aus dem Versandhandel. Das sorgt für einen schnelleren Abtransport der Stoffwechselprodukte, die bei hartem Training entstehen. Vielleicht gönne ich mir noch etwas Ackerschachtelhalm-Extrakt von Dr. Feil. Wofür der gut ist, weiß ich nicht mehr. Aber das Zeug ist teuer. Also muss es gut sein. So wie auf Fitline®Aktivize®Oxyplus, für 28 Euro die Dose, oder besser: das Döschen. Es sind nur 175 Gramm drin. Aber die haben es in sich.

Bei einer Mindesteinnahmezeit von 14 Tagen erhöht sich die maximale Sauerstoff-Kapazität um durchschnittlich 10 Prozent, das wurde an einer Studie mit 20 Athleten nachgewiesen. Seit einer Woche rühre ich das rote Pulver jeden Morgen und jeden Abend in ein Glas Wasser. Es schmeckt ein bisschen nach Seveso. Aber meine Kapillaren fühlen sich schon viel kräftiger an. Ich habe die Dose im Schrank hinter dem Zwieback versteckt. Mona muss ja nicht alles wissen.

Am Wochenende auf der Runde um den Schlachtensee werde ich explodieren. Es ist die Hoffnung, die mich am Leben hält. Ich habe schrecklichen Hunger. Aber Hoffnung ist ja das Brot des Läufers. Und da habe ich noch reichlich Vorräte.

ACHILLES' TIPP 4

Wir zeigen's Dehnen

Es gibt Dinge, die sollte man tun, weil sie vernünftig sind: Zahnseide benutzen, zum Beispiel. Aber es ist lästig, ungewohnt, zeitraubend. Ähnlich verhält es sich mit der Gymnastik für Läufer, gleichgültig ob Stretching oder Stabilisationsübungen. Beweglichkeit bedeutet mehr Stabilität und weniger Verletzungen, sagt zum Beispiel Dr. Matthias Marquardt, der Arzt, dem Läufer vertrauen. Wer tatsächlich Dehndisziplin genug aufbringt, sollte darauf achten, dass die Bewegungen langsam ausgeführt werden, technisch korrekt, ohne Wippen und nur bis zum leichten Ziehen.

Was wehtut, könnte schon eine Zerrung sein. Es bietet sich an, eine Reihenfolge von oben nach unten oder umgekehrt zu wählen. Richtige Atmung versteht sich von selbst. Neben der zwei, drei Standardübungen, die auf jeden Waldparkplatz vorgeführt werden, gibt es eine Reihe weitere, zum Beispiel bei Matthias Marquardt: Die Lauf-Bibel.

5.
DREH DICH NICHT UM

Laufen macht einsam. Es sei denn, man rennt in Gesellschaft. Aber wer will das schon? Als ehrgeiziger Sportler läuft man nicht mit-, sondern gegeneinander. Manches Duell wird heutzutage nicht mehr mit der Pistole entschieden, sondern durch Laktat und Lungenvolumen.

Auf den geplanten Testkilometer im Maximaltempo verzichte ich vorsichtshalber. Nicht gleich an die Grenzen gehen. Das bringt nichts. Erstmal wieder reinkommen. Die frische Luft genießen. Die Geräusche. Die Ohren laufen ja mit. Wer sich mit Ohrstöpseln oder albernen Techno-Kopfhörern akustisch abschirmt, dem entgeht das Allerschönste. Nein, nicht das nervtötende Tirili des Rotkehlchens oder das stumpfe Hämmern vom Specht. Da kann man besser Schubert hören. Ein Fest für die Ohren sind die Schritte, die sich von hinten nähern oder das Stampfen da vorn hinter der Kurve. Wir Läufer sind Jäger und Gejagte. Bin ich schneller, werde ich gehasst und verachte ihn. Ist er schneller, verachtet er mich, und ich hasse ihn. Am Schlachtensee gibt es keine Sportsfreunde.

Man muss den Feind schon an seinen Schritten erkennen, denn man sieht ihn ja nicht. Egal, ob ich überhole oder überholt werde, immer erblickt man ihn nur von hinten: den ausladenden Hintern, die schlaffen Waden, die hässlichen Klamotten, alte

Schweißränder. Die goldene Regel des Laufsports heißt: Dreh dich nicht um! Wer sich umdreht, der hat Angst, der ist unsicher, der hat schon verloren.

Also horchen. Mit den Fußsohlen erspüren, dieses leichte Vibrieren, das der leichtfüßige Hintermann auf den Waldboden tupft. Er muss ja leichtfüßig sein, leichtfüßiger als ich jedenfalls, sonst würde er mich nicht überholen.

Ein Rennen um Leben und Tod beginnt. Ich will mich nicht überholen lassen. Nicht mit mir, nicht mit Achim Achilles. Lieber tot als Zweiter. Aber er hat den psychologischen Vorteil des Verfolgers, des Jägers. Zart beschleunigen, dann wieder hören. Kommt er näher? Riecht er deinen Angstschweiß? Wird er schneller? Oder verschwindet das Beben? Nein. Es kommt näher. Verdammt. Er erlegt dich. Schneller werden. Mist, hilft nicht. Das Schnaufen wird lauter. Peinlich, was der Idiot alles anstellt, nur um einen wie mich zu überholen. Wie mag er aussehen? Übergewicht? Wie alt? Bestimmt hat er eine Glatze.

Er überholt. Eigentlich sieht er ganz normal aus. Nicht übermäßig sportlich. Etwas jünger vielleicht, T-Shirt von einem Volkslauf in Leipzig. Ossi, wa? Die machen ja aus jedem Läufchen eine Systemfrage. Aber ich will keinen kalten Läuferkrieg. Ich bin zum Entspannen hier. Zum Glück keine Spaziergänger da, die mitleidig gucken. Auf jeden Fall habe ich es ihm schwer gemacht, sehr schwer. Noch 100 Meter und er hätte aufgegeben. Der Arme. Er hat erbärmlich geschnauft. Manche Läufer atmen hochgradig unästhetisch, der speichelnde Hechler zum Beispiel oder ein pfeifender Pressatmer, was ernste Verkrampfungen verrät. Es gibt auch die Schnauber, die wie ein Pferd klingen. Oder Spucker, die alle paar Meter widerliches Zeug ausrotzen.

Wirklich individuell sind nur die Schritte. Jeder Läufer hat seinen eigenen Klang. Es gibt leichte und schwere Schritte, elegante und stampfende, schlurfende, hüpfende, lange, kurze, schlabberige, eiserne. Kein Schritt ist wie der andere. Meine Schritte zum Beispiel klingen bestimmt, nicht wirklich leicht, aber kräftig dafür, entschlossen.

Ein Laufstil ist individuell wie ein Fingerabdruck. Wäre vielleicht eine Zukunftsidee. »Laufen Sie mal ein paar Schritte«, sagen die Grenzer dann bei der Einreise am Frankfurter Flughafen. Der Klang wird direkt vor dem Grenzerhäuschen digital aufgenommen und abgeglichen mit einer Sounddatei, die auf einem Chip im Ausweis gespeichert ist. Schwere Zeiten für Fälscher. Und einen Namen für das neue Dokument gibt es auch schon: Laufpass.

ACHILLES' TIPP 5

Alleine laufen oder in der Gruppe

Es gibt wunderbare Laufgruppen. Fidele Herrschaften, stilvoll und angenehm, die die feine Balance zwischen Leistungssteigerung und Wohlfühlatmosphäre pflegen. Es gibt ekelhafte Laufgruppen. Kalte Killer wollen die Mitläufer einfach nur demütigen. Sie riechen nach Latschenkiefer und tragen im November noch kurze Hosen. Schlechte Laune garantiert.

Die Frage, ob Gruppe oder nicht, hängt entscheidend von der Qualität derselben ab. Alleine laufen hat den Vorteil: Ruhe. Nachdenken. Eigenes Tempo. Nachteil: Langeweile. In der Gruppe verhält es sich umgekehrt. Der größte Vorteil einer Gruppe ist die Motivation. Ein Läufchen mit den Kameraden lässt man nicht aus, vor lauter Angst vor den garstigen Kommentaren beim nächsten Mal.

6.
ZWIEBACK SPRITZEN

Der leichte Läufer kommt eher ins Ziel. Prima. Aber wenn es doch so gut schmeckt? Neumodische Proteincocktails sind keine Alternative? Im Vergleich dazu mundet selbst Jugendherbergskost wie ein Vier-Sterne-Menü.

Etwas Furchtbares ist passiert. Mona hat mich erwischt. Sie hat breit gegrinst. Es ist eine Katastrophe. Sie wird mich auslachen. Für den Rest unseres Lebens hat sie tödliche Waffen gegen mich in der Hand. Ich überlege auszuwandern.
Alles begann damit, dass Karl sich den Magen verdorben hatte. Er war am Samstag bei einer Geburtstagsfeier und hatte alles in sich hineingestopft, was Deutschlands chemische Industrie zu bieten hat. Ich war währenddessen natürlich laufen, mit knurrendem Magen. So strikt, wie es mir möglich ist, halte ich mich an meine Diät, die Achim-Methode. Habe ich selbst entwickelt. Eines Tages werde ich sie mir patentieren lassen.
Grundlage ist die Erkenntnis, dass nicht Fett, sondern Kohlehydrate die wirklichen Dickmacher sind. Nudeln, Brot, Fanta, Reis – alles Gift. Sagt Mona. Und die weiß es aus Amerika. Auf der Liste der Top-Volksfeinde rangieren Kohlehydrate gleich hinter Terroristen und Investment-Bankern.
Die Achim-Methode vereint nun alle Erkenntnisse der modernen Ernährungswissenschaft: Kohlehydrate sind der Treibstoff für die

Muskelmotoren. Nimmt der Ausdauersportler, ich zum Beispiel, trotz harten Trainings keine Kohlehydrate zu sich, lernt der Körper, sich die Energie woanders herzuholen. Direkt von der Hüfte zum Beispiel. Dazu noch einen guten Schluck Fitline®Aktivize®Oxyplus für bessere Sauerstoffaufnahme – und das Fett fliegt nur so weg.

Die Achim-Methode hat nur ein kleines Problem: Sie funktioniert nicht. Das muss am Fitline®Aktivize®Oxyplus liegen. Das Zeug ist eine Enttäuschung. Ich bin schon bei der dritten Dose, je 28 Euro für 175 Gramm. Nach 14 Tagen spüre man 10 Prozent mehr Leistung, im Durchschnitt. Das stand auf der Homepage von Guru Greif. Jemand anders muss mindestens 18 Prozent Zuwachs verspüren. Denn ich merke höchstens 2. Ich habe die Dose im Küchenschrank versteckt, ganz unten, ganz hinten, wo nie jemand hinkommt, noch hinter dem Zwieback.

Wenn man auf Kohlehydratentzug ist, wirkt Zwieback wie Heroin. Ich würde mir Zwieback sogar spritzen. Jedes Mal, wenn ich die Dose Fitline®Aktivize®Oxyplus hervorangele, fährt meine Hand in die Zwiebacktüte. Ich kann nicht anders. Vor ein paar Wochen war die Tüte voll. Jetzt finde ich kaum noch größere Krümel. Gut, dass neulich Nikolaus war. Karl hatte den Stutenkerl aus seinem Nikolausstiefel schnell vergessen. Ich legte ihn unauffällig auf den Küchenschrank. Dort konnte ich mir immer mal ein Stückchen abbrechen. Zwei Beine und einen Arm hatte ich schon amputiert. Der Teig war hart und trocken und staubig. Sie schmeckten göttlich, die bösen kleinen Kohlehydrate.

Als Karl vom Geburtstag zurückkam, klagte er über Magendrücken. Das sei Hunger, bestimmte Mona. Eine käsetriefende Tiefkühlpizza später war Karl dann richtig schlecht. In der Nacht hat er sich mehrfach übergeben. Morgens brachte Mona ihm Kamillentee. Ich lag noch im Bett und analysierte den stechenden Schmerz hinter der linken Kniescheibe. Bestimmt der Meniskus. Ein stählernes »Achim!« riss mich aus meinem stillen Leiden. Ich schlurfte in die Küche. O nein. Mona kniete vor dem Küchen-

schrank. Sie hielt die Dose Fitline®Aktivize®Oxyplus in der einen und die leere Tüte Zwieback in der anderen Hand. »Was ist das, Achim?«, fragte sie und schnüffelte an der Dose. Dazu muss man wissen, dass Fitline®Aktivize®Oxyplus ungefähr so riecht wie waffenfähiges Plutonium.
»Ist das Epo, Achim?« Ich lachte. Mona wusste gar nicht, was Epo ist. Sie hatte es mal aufgeschnappt, im Fernsehen. »Unsinn, Liebling, das ist völlig legal.« Mona glaubte kein Wort. »Ach ja? Und warum versteckst du es dann?« Ich wusste genau, dass ich rot wurde. »Ich habe es nicht versteckt, nur sicher aufbewahrt, wegen Karl.« Mona schwenkte die Zwiebacktüte, mit dem Blick der Mutter, deren hungerndem Kind von Barbaren das letzte Stück Brot weggefressen wurde. »Und wie erklärst du das hier?«, fragte sie. »Mein Magen«, stammelte ich, »das viele Training.«
Sie wusste, dass sie gewonnen hatte. Immer, wenn es ihr in den Kram passte, würde sie mich von nun an als Dopingsünder und Kohlehydrat-Junkie beschimpfen. Nur eine sofortige Demutsgeste konnte mich retten. Ich fuhr in die Laufklamotten. »Wo willst du hin?«, fragte Mona. »Zur Tanke, Zwieback holen, für Karl«, sagte ich. Mona nickte anerkennend. Sie ahnte nicht, dass ich mir heimlich ein Brötchen kaufen würde, mit schön viel Kohlehydraten drin.

ACHILLES' TIPP 6

Die Hüfte wippt mit

Grausam, aber wahr: Das Gewicht des Läufers entscheidet maßgeblich über sein Tempo. Auch wenn es viele schwere Jungs gibt, die mit 100 kg+ respektable Ergebnisse erzielen, sie wären mit 20 Kilogramm weniger noch viel schneller.

Viele Anfänger wundern sich, dass sie trotz regelmäßigen Trainings kein Gewicht verlieren. Das liegt daran, dass das Fett zwar schwindet, aber zugleich Muskelmasse aufgebaut wird – und die ist schwerer als Hüftgold.

Problem Nummer zwei: Wer viel läuft, hat viel Hunger. Auch für Ausdauersportler gilt die goldene Regel: Mehr Kalorien verbrauchen als nachfüllen. Schwacher Trost: Läufer sind bei regelmäßigem Training fast nie dicker geworden.

Um das eigene Gewicht einordnen zu können, empfiehlt sich der Bodymaß-Index (BMI) als Einheit: Man teilt das eigene Gewicht durch das Quadrat der Größe:

Körpergewicht : (Körpergröße in m)^2 = BMI

Bei einem Menschen von 100 kg Gewicht und 2 Metern Größe lautet die Rechnung:

100 : (2,00 × 2,00) = 25

ACHILLES' TIPP 6

Ein BMI zwischen 20 und 25 ist ideal und bis 30 nicht übermäßig besorgniserregend. Unter 20 ist man zu dünn, über 30 definitiv zu dick. Wer wirklich ernsthaft längere Strecken gegen die Uhr laufen will, sollte sich eher Richtung 20 als zur 30 hin orientieren.

Wer mehr über die letzten Geheimnisse der optimalen Läufer-Diät wissen will, über gefrorenen Sellerie und Powerbar-Tarte, über die Geheimnisse von Pferdegulasch und Wurstwasser, dem sei der »Lauf-Gourmet« empfohlen – Achims Ernährungsratgeber und Rezeptbuch für alle Läufer-Lagen.

7.
UNTERM WEIHNACHTSBAUM MIT GEORGE CLOONEY

Heiligabend, Bescherung, Geschenke. Das gehört zusammen. Damit es aber das gewünschte Präsent gibt und keinen überflüssigen Ramsch, bedarf es einiger Anstrengungen. Besonders gewiefte Weihnachtszeitgenossen haben über die Jahre Erfolg versprechende Taktiken entwickelt.

Bald ist Weihnachten. Es sind die Wochen des Schneeregens. Die Morgen im dunklen Matsch sind die Hölle. Die Abende auch. Und erst die Wochenenden. Aber der Trainingsplan ist unerbittlich: Tempomachen, befiehlt er. Am Ende des Volksparks liegt ein verwaistes Leichtathletikstadion. Die Tartanbahn wurde von Generationen von Maulwürfen systematisch untergraben. Es ist glatt dort. Ein Weg dauert allein schon 20 Minuten, dazu 10 mal 400 Meter volle Pulle mit je einer Minute Pause, dann zurück, Brötchenholen, Duschen – das heißt: um 6 Uhr aufstehen.
»Ohne Tempoläufe kein Marathon«, sagt Klemmbrett-Karraß, mein Trainer. Er rät, dass man sich einen virtuellen Feind ausdenken soll, den man nach Herzenslust hassen kann, zur Motivation. Ich stelle mir eine Mischung aus Dieter Bohlen, Mauro Camoranesi und unserem Nachbarn Roland vor. Solche Typen haben immer als Erste den neuesten technischen Schnickschnack. Zum Beispiel eine Polar S625x, den Porsche unter den

Pulsuhren. Und ich nicht. Ich will auch eine. Von Mona. Zu Weihnachten.
Mona ist stolz auf mich. In unserem Mietshaus, in Karls Schule, in Gudruns Kiosk, auf jeder Party erzählt sie, dass ich schon morgens um 6 Uhr durch die Gegend wetze. Mona hört gern, wenn die Leute »Ist ja doll« sagen. Sie ahnt nicht, dass ich ihren Stolz eiskalt auszunutzen gedenke. Ich weiß nur noch nicht, wie.
Das Weihnachtsgeschenk ist bei uns eine Waffe für feinste psychologische Kriegsführung. Mona zum Beispiel will mir nicht unbedingt eine Freude machen, sondern sie will mich überraschen. Es geht nicht um mein, es geht um ihr Wohlbefinden. Ich darf nichts ahnen. Ich muss ein total verblüfftes Gesicht machen. Und dann muss ich mich freuen. Sonst ist Weihnachten gelaufen. Ihren geheimnistuerischen Überraschungstick kann man aber durchkreuzen. Wenn ich etwas auf gar keinen Fall haben möchte, muss ich es mir ausdrücklich wünschen. »Neue Socken, das wäre ein tolles Geschenk, eine echte Überraschung«, so lautet die garantierte Anti-Socken-Formel. Mona wiederum besteht darauf, dass ich ihr genau das schenke, was sie bestellt. Dieses Jahr hat sie eine Kosmetikserie in Auftrag gegeben, die man nur im KaDeWe bekommt. Das Produkt stammt aus Frankreich, sein Preis aus Japan, und der Profit geht nach Amerika. Ich dagegen wünsche mir ein finnisches Produkt, allein wegen der schönen Frauen in Helsinki, die Polar S625x.
Jeder, der um diese Jahreszeit läuft, der ist Profi, der hat die S625x, erkennbar an dem kleinen schwarzen Sensor am verschlammten Schuh. Nur ich trage diese kleine graue M5, ohne Sensor natürlich, den Trabi unter den Pulsuhren. Die S625x ist eine Sensation: Sie misst die Strecke und das Tempo, sie optimiert das Trainingsprogramm, man kann alle Daten mit dem Handy abrufen und das Ding auch noch für das Rennrad ausbauen. Kalorienzählen kann sie auch, aber zum Glück nur rückwärts. Selbst kaufen kann ich mir die Uhr auf gar keinen Fall. Sie kostet über 350 Euro und wäre für Mona die nächsten 20 Jahre das Totschlagargument bei jedem Paar Schuhe.

Wie kriege ich nun Mona dazu, mir diese Wunderuhr zu schenken? Äußere ich den Wunsch, kriege ich sie nie. Beauftrage ich Karl, ihr unauffällig einen Tipp zu geben, wird er sich verplappern. Also vorsichtige Hinweise geben. Neulich habe ich nach dem Training angemerkt, dass meine M5 spinnt. »Vielleicht die Batterie«, hat Mona gesagt. War sie wirklich desinteressiert? Oder hat sie sich nur nicht anmerken lassen wollen, dass ich sie auf eine Geschenkidee gebracht hatte?

Nächster Hinweis: Seit zwei Wochen lasse ich »Runners World« auf dem Klo liegen, die Seite mit der Polar-Anzeige aufgeschlagen. Keine Reaktion. Gestern habe ich die S625x mit dicken Kulistrichen noch mal eingerahmt. Zur Sicherheit. Mona muss etwas gemerkt haben. Andererseits: Bestimmte Anzeigen werden von Frauen einfach übersehen, nicht mal mit Absicht, sondern einfach so. Es ist ein genetischer Defekt: Frauen können Pulsuhr-Anzeigen einfach nicht sehen. Ein echtes Argument pro Gentechnik.

Zum Glück gibt es bei Frauen einen zweiten genetischen Defekt, der noch stärker ist, der Clooney-Effekt. Die Firma Polar würde umgehend den Absatz ihrer Hightech-Chronometer verdoppeln, wenn sie über ihre Anzeigen schriebe: »Die wünscht sich George Clooney zu Weihnachten.« Wenn irgendwo »Clooney« steht, reagieren alle Frauen, sogar auf Pulsuhr-Anzeigen. Sie stehen auf diesen Halbaffen, auch wenn er so aussieht, als habe er Haare auf dem Rücken. Alle Frauen wollen George Clooney eine Freude machen. Mit einer S625x holen sie sich ein bisschen Clooney-Feeling nach Hause. Ich färbe mir auch die Schläfen grau und klebe mir ein paar Haarbüschel auf den Rücken, wenn es Mona dabei hilft, eine S625x zu kaufen.

»Was wünschst du dir eigentlich zu Weihnachten?«, hat Mona neulich ganz unauffällig gefragt. »Eine neue Krawatte wäre toll«, habe ich gesagt, »oder ein schönes Buch. Fürs Laufen habe ich ja schon alles. Da kannst du mich nicht mehr überraschen.« Sie lächelt fein. Ich bin ja so ein Fuchs. Es hat geklappt. Ich weiß, dass es geklappt hat.

ACHILLES' TIPP 7

Schlag auf Schlag

Der eigene Herzschlag ist der Drehzahlmesser des Menschen. Am Puls lässt sich mit etwas Übung relativ präzise ablesen, ob die Maschine im grünen Bereich pumpt. Wer ernsthaft laufen will, kommt um die Anschaffung einer Pulsuhr nicht herum. Einfache Modelle, die es schon unter 50 Euro gibt, reichen für den Anfang voll aus.
Die Faustregel

$$220 - Lebensalter = Maximalpuls$$

gilt zwar als ungenau, ist aber immerhin eine Orientierung für gutes Training. Ein Anfänger von 40 Jahren trainiert am Anfang im Bereich von 75 Prozent. Die Rechnung lautet:

$$75\% \text{ von } 180 \ (220 - 40) = 135$$

Fortgeschrittene jagen den Puls mindestens einmal die Woche längere Zeit über 90 Prozent. All diese Angaben sind Mittelwerte, die individuell stark abweichen können.
Präzise Auskunft bringt nur eine Leistungsdiagnostik, die bei Sportärzten oft schon für weniger als 100 Euro angeboten wird. Die Ausgabe lohnt sich, denn der Läufer lernt eine Menge über seinen

ACHILLES' TIPP 7

idealen Trainingspuls. Freaks messen ihren Herzschlag jeden Morgen noch vor dem Aufstehen. Ein paar Schläge über dem Normalwert signalisiert: Achtung, Alarm, eine Krankheit ist im Anflug oder die Gefahr von Übertraining. Es ist allerdings unbequem, mit dem Brustgurt zu schlafen. Andererseits: Da man bereits Kompressionsstrümpfe für die Regeneration angelegt hat, ist es auch schon egal.

»Profis trainieren nach der Stoppuhr, nicht nach dem Pulsmesser«, sagt Achilles-Experte Dr. Matthias Marquardt (»77 Dinge, die ein Läufer wissen muss«).

8.
UNENDLICHE WEITEN

Das Gegenteil von »gut gemeint« ist »gut gemacht«. Das Gegenteil von einem Weihnachtsgeschenk, über das man sich wirklich freut, ist eines, das sich die Gattin ausgedacht hat. Weihnachten bei Läufern, das ist eine heikle Angelegenheit.

Am Heiligen Abend steckte Karl schlechtlaunig seine Lego-Raumstation zusammen und hoffte insgeheim, doch noch irgendwo unter der ökologisch abgeholzten Nordmann-Tanne ein Paket mit Playstation oder Handy zu finden. Mona hatte ihr halbes Dutzend Päckchen Kosmetikkrempel ausgepackt, von kleinen spitzen Schreien begleitet. Endlich war ich an der Reihe. »Da«, sagte Mona, »frohe Weihnachten.« Sie grinste. Ich schüttelte das Päckchen. Die Größe war perfekt. Das leichte Rumpeln auch aus dem Karton auch. Definitiv nichts zum Anziehen. Immerhin. Könnte also tatsächlich die S625x sein, der Porsche unter den Pulsuhren.
Ich riss das Päckchen auf. Ein technisches Gerät. »Garmin«, stand drauf. Was war das nun wieder? Warum kannte ich das nicht? Mona hatte ihren Na-los-freu-dich-sofort-ganz-doll-Blick aufgesetzt. »Toll!«, sagte ich. »Das ist GPS«, sagte Mona. »Toll!«, sagte ich, nahm das Ding von der Größe eines Ziegelsteins aus dem Karton und kramte nach der mehrbändigen Gebrauchsanweisung. »Der kann Strecke und Tempo bestimmen – das hast du dir doch so gewünscht«, sagte Mona lauernd. »Toll«, sagte ich.

Den Rest des Weihnachtsabends verbrachte ich im Garten. Ich hatte das Verlängerungskabel nach draußen gelegt, denn der Garmin brauchte Strom für den Akku. Außerdem musste man ihn justieren, also mit freiem Blick zum Himmel irgendwo hinlegen. Er musste einen Satelliten finden. Ein Garmin funktioniert überall auf der Welt. Wenn er einen Satelliten gefunden hat. »Und?«, fragte Mona durchs Fenster. »Er sucht noch, dauert höchstens eine halbe Stunde«, zitierte ich die Gebrauchsanweisung. Karl rief: »Nacht, Papa!« Ich nieste.
Der Garmin ist kein schlechtes Gerät. Er ist nur ziemlich auffällig, eben ein komplettes Navigationssystem für Leute, die in Wüsten laufen und am Polarkreis oder die den Atlantik durchschwimmen. In Gegenden mit Straßenschildern ist er ziemlich überflüssig. Man muss das Ding mit einem Klettverschluss an den Oberarm schnallen. Auf meiner gelben Winterjacke ist er nicht zu übersehen. Mein Bizeps ist derzeit ausnahmsweise nicht repräsentativ genug für derlei Accessoires. Der Garmin ist schlichtweg oversized und angeberisch – ein Fuchsschwanz für Läufer.
Am zweiten Weihnachtstag ist Volkslauf, mitten in Berlin. »Da kannst du dein neues Supergerät gleich ausprobieren«, befahl Mona. »Mein Knie«, sagte ich. »Ich komme auf dem Fahrrad mit«, sagte Mona. »Ich auch«, krähte Karl. Na gut. Ich versuchte, den Garmin unter der Jacke zu befestigen. Doch dann sah ich das Display nicht. »Klappt's?«, fragte Mona. Sie wollte unser neues Symbol der Besserverdienenden gut sichtbar getragen wissen.
Am Start standen ungefähr 800 Läufer. Ich hatte das Gefühl, dass sich alle anstupsten und grinsend auf meinen Oberarm zeigten. Sie hatten ja Recht. Ich war etwas überausgerüstet. Die verdammte Straße, auf der wir laufen würden, die sah man vom Satelliten aus mit bloßem Auge.
Ich fühlte mich sehr einsam. »Na, Meester, haste Angst, dir zu verloofen?«, fragte ein Dicker neben mir und zeigte auf den Garmin. »Weihnachtsgeschenk«, sagte ich und zeigte über die Schul-

ter, wo ich Mona hinter der Ansperrung wähnte. »Ah, vastehe, die Lady, wa?«, wisperte der Kerl verständnisvoll. »Kenn ick. Ich hab letztes Jahr Leggings jekriegt, in mintgrün. Aber dieses Jahr« – er tippte auf sein Handgelenk – »dieses Jahr gab's die hier.« Unter seinem Ärmel blitzte eine nagelneue S625x. »Wie haben Sie Ihre Frau dazu gebracht?«, wollte ich wissen. »Gaa nich«, sagte er fröhlich, »ick hab mir scheiden lassen. Und die Uhr dann selbst jekooft.« Ich drehte mich um zu Mona und winkte.

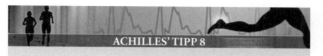

ACHILLES' TIPP 8

Gepäckmarsch

Laufen ist nicht nur mehr oder minder zügiges Fortbewegen auf zwei Beinen, sondern kann Universen bedeuten. Zum Beispiel ist Laufen eine Materialschlacht. Manche Sportsfreunde treten selbst zur lästigen Regenerationsrunde an wie ein Sondereinsatzkommando. Es sind aber nicht immer die Besten, die mit pfundschweren Uhren, Handy, MP3-Player, Navigationssystem, Trinkgurt, Kopflampe und weiteren vier, fünf Kilogramm Gerümpel durch die Gegend wetzen. Im Gegenteil: Den Profi erkennt man an der spartanischen Ausrüstung. Er verlässt sich auf seine Beine und scheut jedes Gramm überflüssigen Gewichts. Eine läuferische Grundregel lautet daher: Je länger, je schneller, je ambitionierter, desto weniger Klimbim. Und umgekehrt.

9.
DISTELN IM SCHRITT

Der menschliche Körper verhält sich zuweilen unmenschlich. Er bunkert das Fett, klammert sich daran wie ein Ertrinkender an den Rettungsring. Nur eines hilft wirklich: lange Läufe, mindestens zwei Stunden. Also rein in die Sportschuhe, ran an den Feind am eigenen Leib. Speck muss weg.

Das Schlimmste an den guten Vorsätzen für das neue Jahr ist, dass man nur verlieren kann. Hält man sich dran, ist man ein Spießer, wenn nicht, wird man als Weichei verspottet. Die Kunst besteht also darin, sich Vorsätze zu suchen, die so aussehen, aber gar keine sind, weil man ohnehin nicht drumrum gekommen wäre. Lange Läufe sind leider auch die idealen Scheinvorsätze. Lange Läufe sind die Pest: Sie tun weh, sie dauern, sie sind langweilig, demütigend, eklig. Lange Läufe heißen lange Läufe, weil ihr einziger Sinn darin besteht, lange zu laufen. Und man kommt nicht drumrum.
Ich bin morgens um halb sieben losgetuckert, Richtung Volkspark. Habe alle drei Minuten auf die Uhr geguckt. Habe den Volkspark Lichtjahre hinter mir gelassen. Habe darauf geachtet, dass ich meinen Puls auf gar keinen Fall über 128 Schläge jage. Jetzt sind 83 Minuten vergangen. Ich langweile mich zu Tode. Ich hasse die Villen im Grunewald. Und es ist noch nicht mal die Hälfte. Nicht ein, nicht zwei, nein, drei Stunden soll man wetzen,

sagen alle Laufpäpste, 30 Kilometer mindestens, besser noch mehr. Quäl-Coach Peter Greif befiehlt sogar 35 Kilometer, die letzten davon volle Pulle. Wirklich, sehr witzig: Wie soll man auf dem Zahnfleisch sprinten?

Lange Läufe sind durch keine Tricks zu ersetzen. Wer einen Marathon überleben will, entkommt ihnen nicht. Denn nur auf langen und langsamen Läufen lernt der Körper, sein Fett zu verbrennen. F-e-t-t v-e-r-b-r-e-n-n-e-n – klingt total sexy, oder? Man läuft durch die Gegend und der Glibber schmurgelt einfach davon: Weg mit dir, böses Schwabbelfett! Brennen sollst du, Hexenschmalz! Fettverbrennung. Wer dieses Wort erfunden hat, der ist ein begnadeter Demagoge. Es klingt so scharf wie »Teufelsaustreibung«. Wer wollte das nicht – Fett verbrennen?

Bei mir ist es gleich so weit. Eine halbe Stunde noch. Dann brennt's. Der Körper hat ja zwei große Energietanks. Im ersten ist Glykogen gebunkert, reine Kohlehydrate, Nudeln, Brot und Reis also, wovon sich aber nicht viel speichern lässt. Nach zwei Stunden ist auch der letzte Krümel davon verbrannt. Praktisch unbegrenzt viel Energie ist im Tank zwei gespeichert, an Hüften, Schenkeln und besonders viel über dem Sixpack.

Doch Fett ist wie Sonne: Theoretisch bietet sie wahnsinnig viel Energie, praktisch aber nie dann, wenn man sie braucht. Der Körper will sein Fett nicht hergeben. Er hat über Jahrmillionen gelernt, überschüssige Kalorien zu speichern, als Reserve für lange kalte Winter. Er klammert sich an sein schönes warmes Fett. Also muss man den Körper einlullen, ihn gefügig machen, ihm den Eindruck geben, es kämen große Anstrengungen auf ihn zu. Ab zwei Stunden Langsamlaufen, da macht er sein Fett locker. Läuft man zu schnell, dann dreht er den Fetthahn zu. Und der Läufer bleibt stehen. Oder fällt gleich hin. Er ist auf jeden Fall am Ende.

Ich bin jetzt 110 Minuten unterwegs. Vor 20 Minuten bin ich umgedreht, am Parkplatz Großer Stern. Noch eine Viertelstunde, dann habe ich meinen Rekord eingestellt. Zwei Stunden und fünf

Minuten. Es ist langweilig. Mein Knie tut weh. Warum habe ich meinen iPod nicht mitgenommen? Die Buddenbrooks hätte ich schon halb durchgehört. Dauernd überholen mich irgendwelche Blödmänner. Aber ich darf nicht schneller werden. Sonst breche ich ein.

Gut, dass ich einen 20-Euro-Schein in die Unterhose gesteckt habe. Zur Not nehme ich mir ein Taxi. Aber woher kriege ich zum Teufel ein Taxi im Grunewald? Die Hose scheuert. Ich hätte mir noch einen Klacks Vaseline mehr zwischen die oberen Oberschenkel schmieren sollen. Alles brennt, nur das Fett nicht. Wahrscheinlich läuft schon Blut das Bein hinab in die Schuhe. Im Magen ziept es. Der Körper kratzt die letzten Glykogenreste zusammen. Walker reden auch immer von Fettverbrennung. Je langsamer sie durchs Unterholz schleichen, desto besser fackelt der Hüftring, glauben sie. Warum nur sind Walker dann alle so pummelig?

Ich kann nicht mehr. Mein Puls ist fast bei 140. Zweieinhalb Stunden und das verdammte Fett will nicht brennen. Noch drei Kilometer. Ich kriege die Beine nicht mehr hoch. Die Knie wackeln. Disteln im Schritt. Stacheldraht im Bauch. Scherben in den Schenkeln. Warum schickt Mona keinen Krankenwagen? Ich schleiche. Eine ältere Dame mit ihren Einkaufstaschen geht 100 Meter vor mir. Ich komme ihr nicht näher.

Zwei Blocks noch. Schon drei Stunden und zehn Minuten. Laufen ist scheiße und lange laufen noch viel mehr. Da vorn steht Roland, mit einer Brötchentüte unterm Arm. Er winkt. Ich will den Arm heben. Aber er will nicht. »Mann, Achim, schon 'nen halben Marathon gelaufen heute Morgen, wa?«, brüllt Roland über die Straße. »Mehr«, wispere ich. Roland lacht gehässig. »Alter Angeber«, sagt er. Wenn ich könnte, würde ich ihm eine reinhauen.

ACHILLES' TIPP 9

Langläufer wider Willen

*Lange Läufe sind die Pest. Sie dauern ewig, tun weh und ruinieren das Wochenende. Wer sonntags früh startet, kommt als Wrack nach Haus und braucht bis Dienstag, um zu regenerieren. Die Gattin grummelt. Warum machen Läufer so was? Aus Angst. Angst vor dem Einbruch, dem Aufgeben, Angst vor dem Mann mit dem Hammer oder wie immer man das Ungeheuer nennt, das bei Kilometer 30 auf den Marathonläufer wartet. Die Distanz von 42 Kilometern ist mit ein paar lockeren Trainingsläufchen eben nicht würdevoll zu absolvieren. Wer seinen Beinen die Heldenstrecke abverlangen will, sollte sie vorher ein paarmal mindestens zu drei Vierteln absolviert haben. Denn der Körper verfügt über eine Erinnerungsfunktion: Hat er während des Wettkampfs den Eindruck, diese Laufdistanz schon mal zurückgelegt zu haben, dann läuft er weiter. Ansonsten neigt er zum abrupten Streik. Die Opfer sind bei jedem Marathon zu besichtigen.
Kostenlose Trainingspläne gibt es bei www.achimachilles.de*

10.
ICH, DER HECHELNDE KLIMAKILLER

Was für ein Schock: Läufer sind Ökosünder. Sie hecheln die Erde zum Kollaps und verpesten die Welt laut neuen Studien so sehr mit CO_2, wie es kaum einer für möglich gehalten hätte. Achim Achilles weiß, was nun zu tun ist: global denken, lokal laufen!

Ich bin ein Klimaschwein. Denn ich hechle. Ich habe damit kein Problem, aber mein Laufpartner Klaus-Heinrich. Immer wenn wir sonntags gegen meinen Willen die unmenschlichen 80 Höhenmeter des Teufelsbergs in unsere Laufstrecke einbauen, sagt er, ich solle aufhören zu röcheln, das sei schlecht fürs Klima.
Der Läufer produziert nun mal Abwärme und Treibhausgas, erst recht am Hang. Und was soll ich tun, um die Welt zu retten? Aufhören zu atmen? Überhaupt nie wieder hecheln? Wie hätte ich den Schwangerschaftskurs dann überstanden?
Wenn ich nicht laufe, werde ich übrigens dick wie ein Walker. Und Übergewichtige sind fürs Klima ebenfalls Gift. Sie essen größere Portionen und brauchen mehr Energie für den Transport. Andererseits benötigen sie nicht so viel Wasser in der Badewanne.
Dicker Nicht-Läufer, dünner Renner oder halbdicker Durchschnitt – die Kohlendioxid-Produktion hält sie zusammen.
Läufer immerhin produzieren auf gesündere Art ihr Treibhausgas, ungefähr 25 Prozent mehr als Golfer oder verwandte stock-

gestützte Sportdarsteller. Weil sich Puls und Herzschlag kaum erhöhen, bleibt auch der Atem flach. Stöckchensport hat eine Öko-Bilanz wie das Wachkoma. Kaum gehen Golfer oder Walker allerdings ihrer Lieblingsbeschäftigung nach, dem Transportiertwerden, wird das Klima belastet: 20 Kilometer An- und Abfahrt in der zwei Tonnen schweren Geländekarre und ein vertilgter Doppelzentner aus Südamerika eingeflogener Bananen ruinieren die Bilanz auch ohne Sport nachhaltig.

Der Läufer wird vor allem zum Öko-Ferkel, wenn er im Rudel zum Wettlauf antritt und die Seinen auch noch eingeflogen werden. Die Öko-Bilanz eines Großmarathons ist verheerend. Wenn 20 000 Marathonis 25 Gramm Kohlendioxid pro Kilometer ausatmen, entsteht eine Menge Klimagas, wie sie eine ausgebuchte Boeing 747 auf dem Weg von Hamburg nach Köln produzieren würde. Das geht ja noch. Marathon-Professor Klaus Baum allerdings hat die Abluft aller deutschen Marathonis addiert, vor allem im Training. Da kommen weit mehr als 15 000 Tonnen zusammen, das Kohlendioxid-Aufkommen eines Dorfes mit 1500 Einwohnern.

Der deutsche Durchschnittsbürger erzeugt im Jahresmittel etwa zehn Tonnen, inklusive Ölheizung und den zahllosen Akku-Ladungen fürs GPS-Gerät. Die unfassbaren Wolken magnesium- und aminosäuregetriebener Magenwinde der Läufer tauchen übrigens in keinem Klimarechner auf, dürften mengenmäßig aber mindestens eine Polkappe auf dem Gewissen haben.

Das Problem sind allerdings nicht der Marathon und seine masochistischen Teilnehmer. Wie bei jeder Großveranstaltung machen weniger die Akteure den Dreck als die Millionen drumherum. Formel 1 wäre ein blitzsauberer Sport, wenn nur 20 Autisten im Kreis führen. Schmutzig wird der Sport erst durch 100 000 Fans, die zum Nürburgring knattern. So ist es auch beim Marathon: Wer seinen Lauf an der eigenen Haustür startet, ist ein ökologisch korrekter Sportsfreund. Wer allerdings ins Flugzeug steigt, um 42 Kilometer zu rennen, der schafft ein Problem. Das Laufhemd mit dem gut gemeinten Klimaschutz-Appell hilft nur dem Gewissen des Marathon-Jetsetters.

Ein laufendes Klimaproblem ist mithin jener Sportskamerad, der viermal die Woche mit dem Auto in den Wald fährt, um für den New-York-Marathon zu trainieren, und seinen Eiweißbedarf ausschließlich mit Steaks deckt. Vor allem wegen der Furzfreude der Rindviecher lassen Fleischfans jährlich zwei bis drei Tonnen Kohlendioxid in die Welt, bis zu zehnmal mehr als Vegetarier, die nur Möhren aus der Region knabbern. Nur wer dann noch mit dem Rad zum Training fährt und mit öffentlichen Verkehrsmitteln zum Wettlauf, der darf ein Greenpeace-Leibchen tragen.

Das Schönste am Klimaschutz ist, dass er eine prima Ausrede bietet, um anstrengende Wettbewerbe zu schwänzen. Fragt der Klemmbrett-Trainer also aufreizend freundlich, warum ich den Halbmarathon nicht gelaufen bin, sage ich nicht die Wahrheit (»keine Lust zum Training«), sondern einfach: »Nee du, im Prinzip total gern. Aber das war mir von der Klimabilanz her echt zu schädlich.« Ein Argument wie eine Läufersocke nach dem Marathon – da fällt einem nichts mehr ein.

Stattdessen bin ich am Sonntag mit der S-Bahn zum Wannsee gefahren und dann mit dem Rad weiter zur Glienicker Brücke, zum Start vom Drittelmarathon, was nur eine gute Stunde Kohlendioxid-Produktion bedeutet. Da können die Sportskameraden noch so mit ihren Bestzeiten angeben – ökologisch bin ich uneinholbar weit vorn.

ACHILLES' TIPP 10

Atmung

Die Atmung ist ein völlig überschätztes Thema. Seit Menschengedenken gilt: Erst ein- dann ausatmen. Der Rhythmus der Atmung passt sich in der Regel automatisch der Belastungskurve an. Ob Dreier- oder Vierertakt, nur durch den Mund oder nur durch die Nase – starre Vorgaben führen eher zu Rhythmusstörungen, als dass sie einen sinnvollen Effekt erzielen. Generell gilt: Weniger denken, einfach atmen.

11.
TERRORISTEN MIT STOCK

Sie sind die Pest. Nein, schlimmer: das Böse. Sie nennen sich Nordic Walker, dabei sind sie nur Fußvolk, aufgepeppte Spaziergänger. Schon dieses Outfit – ein Design-GAU. Inzwischen sind sie überall. Der Waldweg wird zur Kampfzone.

Man hört sie schon von Weitem am Schrappen ihrer Stöcke. Sie sind gefährlich, gemein und rücksichtslos. Sie werden immer bedrohlicher, ich verachte sie zutiefst: Walker. Wenn sie zu dritt nebeneinander auf dem Waldweg ihre albernen Aluminiumrohre finnischer Herkunft hinter sich herziehen, muss ich beim Überholen aufpassen, dass ich nicht über einen ihrer Prügel stolpere und mir alle Knochen breche.

Kommen sie mir entgegen, gucken sie so entschlossen und selbstgewiss durch ihre 200 Euro teure Colorverglasung, dass mir angst und bange wird. Wir sind die Guten, die Gesunden, sagen ihre stolzen Blicke, wir strapazieren unsere Gelenke nicht, wir gehen sanft und rücksichtsvoll mit unserem Körper um, wir sind keine brachialen Brechmänner, die mit 40 Jahren immer noch so tun, als seien sie testosterongeladene Jungbullen.

Am Anfang habe ich versucht, sie mit einem höhnischen Grinsen zu verunsichern. Sie wussten genau, was ich meine: Ja, ich lache über euch, eure albernen Stöckchen, die peinlich-bunten Karnevalsklamotten, eure klumpfüßigen Schuhe, aber vor allem verachte ich euch für eure gigantischen Trinkfässer, die ihr umgeschnallt habt: 200 Kalorien pro Stunde vernichten, aber 500 zu sich nehmen – so verliert man kein Gramm, sondern päppelt unterernährte Säuglinge auf, liebe Walktonnen.

Jetzt mal unter uns und ehrlich: Ihr seid doch nur Walker geworden, weil ihr zu schlapp seid zum richtigen Laufen. Walking verhält sich zu Sport wie Peepshow zu echtem Treiben. Ihr tut nur so, alles gespielt.

Liebe Walker, lasst euch doch nicht von der Sportartikel-Industrie veräppeln, die euch für teuer Geld irgendwelchen Spezialkram verkaufen will: 120 Euro für Schuhe, 150 für die Stöcke, noch mal 100 für Hemd und Hose, 20 für den Trinkflaschenhaltergurt, und mindestens 30 für die Dose Pulver, aus der ihr euer isotonisches Spurenelementgetränk anrührt, ohne das ihr eure übermenschlichen Belastungen nie durchstehen würdet.

Früher hieß das mal Spazierengehen, was ihr da macht. Mit einem Paar »Mephisto« und einer Windjacke wart ihr für zehn Jahre bestens ausgerüstet. Niemand hat Stöcke hinter sich hergeschleift. Ihr hattet einen kleinen Rucksack dabei, darin eine Wanderkarte und ein Äpfelchen. Die Männer hatten das Taschenmesser, die Frauen Labello und Hustenbonbons. In der Jackentasche hieltet ihr immer ein Päckchen Papiertaschentücher bereit. Jetzt seid ihr zu Walkern mutiert und unerträglich.

Neulich wollte ich wieder so eine Gruppe überholen. Als ich auf zehn Metern heran war, habe ich beschleunigt wie der Michi am Ende der Schikane. Sie sollten den Staub schmecken, den ich mit meinen kraftvollen Schritten aufwirbeln würde. Doch kaum hatte ich den Turbo gezündet, fuhr ein stechender Schmerz durch mein linkes Bein, so, als hätte mir jemand ein Starkstromkabel ins Knie gerammt. Ich machte »Hrrmmpf«, beugte mich vor und begann zu humpeln.

Die Walker drehten sich um. Ungerührte Blicke. »Alles in Ordnung«, quetschte ich ungefragt hervor. Trottet doch weiter, ihr Idioten, dachte ich. Taten sie auch. Das Schrappen ihrer Stöckchen verhallte. Ich schleppte mich zum Parkplatz. Weil jeder Tritt auf die Kupplung höllisch schmerzte, fuhr ich im zweiten Gang nach Hause. Mona schüttelte nur den Kopf. Mein Stöhnen nachts ertrug sie nicht. Sie zog aufs Sofa. Der Orthopäde am nächsten Morgen fühlte und röntgte und murmelte irgendetwas von »Patellasehne«. Er befahl vier Wochen Laufpause, mindestens. Zum Abschied fragte er: »Haben Sie's in ihrem Alter mal mit Walken versucht?«

ACHILLES' TIPP 11

Geht's noch?

Walking, das ist die größte Breitensport-Bewegung seit Ende des Zweiten Weltkriegs, und nichts anderes als Spazierengehen in bunten, teuren und wahnsinnig professionell aussehenden Klamotten. So ist allen gedient: Menschen, die sich vorher nie bewegten, haben einen niedrigschwelligen Einstieg, Kranke und Übergewichtige eine sanfte Bewegung, die Sportartikelindustrie einen geldwerten Hype und die Läufer was zu lachen. Tatsache ist: Walking wurde als Marketing-Gag erfunden, um Skistöcke auch im Sommer abzusetzen.

Ernsthaftes Nordic Walking wird in deutschen Grünanlagen dagegen fast nie zur Aufführung gebracht. Diese schweißtreibende Betätigung wurde in Norwegen erfunden, um Skilangläufer im Sommer zu piesacken. Mit ausholendem Stockeinsatz vollführen echte Nordic Walker meterweite Sätze.

Die Vulgärwalker dagegen trotten durch den Tann, ziehen mit ihren schleifenden Stöcken Schlangenlinien in den Waldboden und blockieren die Wege, weil sie nie einzeln, sondern stets im Rudel auftauchen. Eine friedliche Co-Existenz zwischen Walkern und Sportlern ist kaum vorstellbar.

Lesen Sie dazu auch Achims welt- und wegweisende Gedanken im »Walker-Hasser-Manifest«.

12.
DER MENSCHENFLÜSTERER

Es ist gut zu wissen, dass es Menschen gibt, die Verständnis haben, die sich um andere sorgen, die immer da sind, wenn es wichtig ist. Kurz: Es ist gut, dass es Dauerläufer gibt. Sie sind so einfühlsam.

Neulich war Klassentreffen. 20 Jahre ist das Abitur jetzt her, am humanistischen Schiller-Gymnasium zu Münster. Wie grausam. Das letzte Mal haben wir uns vor zehn Jahren gesehen. Schrecklich, was aus all diesen optimistischen, kraftstrotzenden, gut aussehenden jungen Menschen geworden ist. Hauptsache, Katharina hat sich nicht verändert. Katharina war schon immer ein Feger – und natürlich immer hinter mir her.
»Ich komme mit zu deinem Klassentreffen«, sagte Mona eines Morgens. Jetzt keinen Fehler machen, Achilles! »Okay, kein Problem«, sagte ich, »meine alten Klassenkameraden werden nichts dagegen haben, dass ich als Einziger mit Bodyguard erscheine.«
Mona schwieg. Sie dachte darüber nach, wie es wohl sein würde, in einer Herde entfesselter, Bier pumpender Hooligans zu stehen, die sich ausschließlich in Guttural-Lauten über Dinge verständigten, über die niemand anders brüllend lachen konnte, um sich morgens um vier unter Tränen in den Armen zu liegen und ewige Liebe zu schwören.
Als ich am Samstagabend die Stufen zum katholischen Jugend-

heim St. Joseph patellabedingt hinaufhumpelte – der stille Siewert aus dem Deutsch-Leistungskurs war dort inzwischen Pfarrer geworden –, fielen mir als Erstes drei unglaublich breite Hinterteile auf: Kleemann, Schmadtke und Kullner. Vor einem knappen Vierteljahrhundert waren sie die Zierde unseres Doppelvierers, der bei »Jugend trainiert für Olympia« angetreten war. Daneben Köster, locker 120 Kilogramm, damals leichtfüßiger Kapitän der Fußballschulmannschaft.
»Mann, Achim«, presste Heike, die ehemalige Volleyballerin, zwischen ihren feisten Hamsterbacken hervor, »du siehst aber gut aus.« Ich hatte lange überlegt, ob ich das »Born to run«-Sweatshirt wirklich anziehen sollte. Es war die richtige Entscheidung gewesen. Es betonte meinen flachen Bauch, die starken Schultern, die zierlichen Hüften. Das leichte Humpeln wegen der dämlichen Patellasehne erwies sich als imageförderndes Handicap.
Im Laufe des Abends absolvierte ich wohl 200-mal den gleichen Dialog: »Wie schaffst du das, so schlank zu bleiben?«, fragten die alten Schulkameraden. Und ich antwortete immer lässig: »Ich laufe ganz gern.« Sie wollten alles wissen: Wie oft? Wie lange? Wie angefangen? Ziele? »Marathon«, sagte ich, betont beiläufig. »Und hin und wieder Triathlon.« »Marathon«, erwiderten sie dann leise, »Triathlon«, wisperten sie ehrfürchtig. Es war das Klassentreffen meines Lebens. Schade, dass Mona nicht dabei war.
Drei Tage später kam eine Mail, von Katharina. Sie hatte das Klassentreffen in stiller Bewunderung in meiner Nähe verbracht. Es reichte ihr offenbar, einfach nur meinen Duft in der Nase zu tragen, den Duft ungezähmten männlichen Leistungsvermögens. Sie hatte in alten Westfalen-Adel eingeheiratet, was Versorgungssicherheit, aber eben auch lebenslängliche Langeweile bedeutete. »Ich brauche deine Hilfe, lieber Achim«, schrieb sie, »ich will jetzt auch anfangen zu laufen.«
Sie wollte alles wissen: Welche Schuhe, welche Strecke, welches Tempo, welcher Puls? Wir telefonierten ausgiebig. Katharina hatte diesen wunderbar weiblichen Tonfall, in dem sich Respekt,

Neugier und haltlose Bewunderung mischten. »Was«, fragte sie ungläubig, »du bist heute 15 Kilometer gelaufen? Das würde ich nie im Leben schaffen.« Mona hatte so was noch nie zu mir gesagt. Ich räusperte mich. »Das ist doch gar kein Problem. Reine Übungssache. Das schaffst du auch, verspreche ich dir. Wir können auch gern mal zusammen laufen.«
Meine Stimme klang warm, sonor, souverän, ungefähr so als ob Clint Eastwood »Baby« sagt. »Ach, Achim«, flüsterte Katharina, »es tut so gut, mit dir über das Laufen zu reden.« Als sie zum dritten Mal bei uns angerufen hatte, hielt es Mona nicht mehr. »Was will die Schlampe von dir?«, brüllte sie. Ich entgegnete ruhig: »Sie interessiert sich für meinen Sport. Wir führen Fachgespräche.« Mona schwieg. Es ist ein gutes Gefühl, als kompetenter, gleichwohl warmherziger Ratgeber gefragt zu sein.

ACHILLES' TIPP 12

Marathonis sind bessere Menschen

Wirtschaftsbosse tun es, Politiker tun es, Prominente tun es auch: Marathon, ultimativer Nachweis von Leistungskraft und Willen in unserer Turbo-Gesellschaft. Ist es von Vorteil für Beruf und Karriere, wenn man sich als Marathon-Freak outet? Der SPIEGEL hat nachgefragt. Ergebnis: Kann man so nicht sagen. Zwar gelten Langläufer grundsätzlich als leistungsbereit, zielstrebig und ausdauernd. Andererseits werden die Dauertraber schnell als einsame Wölfe angesehen, egomanisch und verbissen. Die beste Formel fand der Kölner Personalberater Ulrich Schuhmann: »Wer unter drei Stunden braucht, ist ein Eigenbrötler, wer um die vier Stunden braucht, führt ein normales Leben, der ist okay.« Die tröstlichste Nachricht des Jahres.
Alles über marathonlaufende Promis und Bestzeiten gibt's auf www.achim-achilles.de

13.
ZUM TEUFEL MIT DER NUTELLASEHNE

Laut René Descartes ist Zweifel der Beginn der Weisheit. Beim Läufer können Zweifel den Anfang vom Ende bedeuten. Hunger, Schmerzen, Trainingsqual – beim Runners down hilft das Internet. Da finden sich Menschen, denen es noch schlechter geht.

Mein Knie tut weh. Ich bin ein fettes Schwein. Ich hasse mich. Vor allem hasse ich Läufer. Und am meisten hasse ich erwachsene Männer, die in Strumpfhosen durch die Stadt laufen. Strumpfhosen bleiben Strumpfhosen, auch wenn »Running« draufsteht. Das schwule Pärchen aus dem dritten Stock guckt schon ganz neugierig. Ich will mich besaufen. Ich habe keine Ahnung, ob die verdammte Patellasehne nun gereizt ist oder nicht. Ich habe auch gar keine Lust, es auszuprobieren. Grillteller, Nutella, Patella – mir doch egal. Ich habe grausamen Hunger. Ich nehme nicht ab vom Laufen, ich nehme zu.

Ich werde immer langsamer. Ich bin ein trampeliges Warzenschwein. Der Plan von Greif taugt nicht mal, um die nassen Schuhe damit auszustopfen. Mona grinst nur hinterhältig. Manchmal sagt sie »Na?«. Sonst nichts. Einfach nur: »Na?« Der Satz heißt vollständig: »Guck mal an, der liebe Achim, unser Vorzeige-Athlet, mein strammer Gatte, hat schon wieder keine Lust mehr. War ja klar. Wie immer.« Ich wünsche Mona einen Quadratmeter Zellulite. Gibt es bei eBay einen Sack Endorphine? Ich nehme alle

meine Laufschuhe, stecke sie in eine Plastiktüte und meinen Kopf hinterher. Ich bin am Ende. Ich habe ein *Runners down*.
An Tagen wie diesen gibt's nur eine Rettung: Ich mache mir ein schönes Glas »Refresher« von Dr. Feil, damit ich der beinlichen Übersäuerung Herr werde, und verziehe mich vor meinen Rechner. Das Internet ist mein Kloster, mein Beichtstuhl, meine Selbsterfahrungsgruppe. Wenn nicht gerade die Klugscheißer, die Angeber, die Alles-Wisser-und-Könner sowie die Marathonlocker-in-drei-Stunden-Läufer da sind, ist es ganz nett. Ivan zum Beispiel. Der ist vor zehn Jahren auch Marathon gelaufen. Jetzt will er wieder anfangen. Seine Mona heißt Julia. Und seine Ausrede, warum er gerade jetzt nicht laufen kann: die Kinder. Was wären wir Läufer ohne Kinder? Gut trainiert.
Oder der Bernd. Hihi. Läuft Marathon und nimmt trotzdem zu. Ausrede: Abendstudium. Na gut. Lassen wir gelten. Bernd will wissen, wie er seine Fressorgien in den Griff kriegt. Ganz einfach, Bernd, alter Mops: nichts essen, mehr laufen, und schneller. Am Ende kommt dann raus: Bernd hat zwar zehn Kilogramm zu viel, aber 78 statt 68. Ein Scherzkeks, unser Bernd. Ich habe 94, ja, 94 Kilo. Das tippe ich natürlich nicht ein. Sollen sich über wen anders schlapplachen, die Hyänen.
Kolja ist Tauchlehrer auf den Seychellen. Er fängt immer wieder an zu laufen, aber hört genauso schnell wieder auf. Ausrede? »Zeitliche Gründe.« Abmahnung, Kolja! Wir sind hier in einem Fortgeschrittenen-Chat. Geben Sie sich bitte etwas mehr Mühe bei Ihren Ausflüchten. Sonst komme ich mit Schwimmflügeln in Ihre Tauchschule.
Stefanie ist auch so eine lustige Freizeitsportlerin. Früher hat sie im Fernsehen Bobfahren geguckt – aber immer dann umgeschaltet, sobald die Jungs in die Kiste gehüpft waren. Sie hat nur den Start geguckt: Ist ja auch scharf, vier Männerhintern in Glanzkörperpelle. Jetzt läuft Stefanie auch, in Berlin-Hellersdorf. Sie hat eine Fachfrage: Immer wenn sie amtlich atmet – Nase ein, Mund aus – kriegt sie Seitenstiche. Was tun?

Schön, dass das Internet immer hilfsbereite Kameraden bereithält. Peter rät zur Bauchatmung: »Das kannst du am besten üben, indem du dich auf den Boden legst und dir zwei, drei Bücher auf den Bauch legst, und dann tief in den Bauch einatmest. Die Bücher sollten sich dann deutlich heben! Beim Ausatmen sollte sich die Bauchdecke wieder zusammenziehen.« Kurt sagt, man soll nicht so viel trinken vorher, und Til zitiert große Philosophen: »Der legendäre James Fixx schreibt in seiner Läuferbibel: Kennen Sie jemanden, der an Seitenstechen gestorben ist? Wenn nein, laufen Sie einfach weiter, das Seitenstechen wird auch wieder vergehen.« Na also, Steffi, Bücher auf den Bauch und einfach weiterlaufen.
Barbara ist auch nicht schlecht. Die mailt aus Mexico-City. Dort sei die Luft so dreckig, dass nur Selbstmörder laufen. Schwer zu toppen, diese Ausrede. Steffen wiederum macht einen auf Snob. Plaudert aus Florida mit und bietet Trainingslager an. Man müsste ihn verachten für seine gutgelaunte Sonnen-Tour. Allerdings hat er ein super Argument: Florida ist walker-frei. Seit drei Jahren sind keine Stöckchenzieher mehr gesichtet worden. Wahrscheinlich alle überfahren worden, weil sie zu langsam die Straße überquert haben.
Siggi kommt aus Saarbrücken (als ob das irgendwen interessiert) und kocht sich ekligen Brei aus Möhren und Kartoffeln mit Tomaten-Champignon-Sauce, weil die Laufgräte Steffny sagt, dass das richtig Kraft in die Schenkel gibt. Siggi sagt, Herbert Steffny sagt, man solle sein berufliches und privates Umfeld optimieren. Die Möhren-Kartoffel-Pampe ist wohl Teil der Optimierungsstrategie: Mit solchen Gerichten lebst du nämlich bald allein, Siggi. Dann hast du noch mehr Zeit fürs Laufen.
Siggi hat überhaupt keine Ausreden. Das macht ihn sympathisch. So wie Dieter. Der ist 64, klingt aber trotzdem ganz nett. Er war Stadionsprecher bei den Deutschen Meisterschaften über 100 Kilometer. Achtung, jetzt kommt's: auf der Bahn. Höhö, 100 Kilometer im Stadion, das sind 250 stumpfe Runden. Früher nannte

man das Hospitalismus und hat die Leute in die Geschlossene gesperrt. Dieter wollte den Läufern was Gutes tun und hat bei Kilometer 50 gesagt: »Ab jetzt geht es nur noch bergab.« Damit war seine Sprecherkarriere zu Ende. Teufel auch, was bin ich ein verdammter Normalo gegen solche Lauf-Stalinisten.

Immerhin: Ein paar Patella-Patienten waren auch da. Udo empfiehlt so ein Bändchen, das man sich unters Knie schnallt. Drauf steht »Mueller«. Das Teil ist ein Knaller. Es hilft tatsächlich. Ich kaufe Mueller-Aktien, und dann kreuze ich beim nächsten Volkslauf mit dem Band unterm Knie auf. Alle glauben, das ist eine Art Epo, kaufen sich gleich ein Dutzend Mueller-Bänder und schnallen sich die auch noch um Knöchel und Ellenbogen. Und ich werde reich.

ACHILLES' TIPP 13

Normale Läufer? Fehlanzeige.

Wer sich und sein Laufen jemals für absonderlich hielt, wird im Internet eines Besseren belehrt. Hier werden echte Probleme und eingebildete Krankheiten debattiert. Die Vielfalt an Ausreden, warum man das Training schwänzen muss, ist beachtlich. Da ist immer was für den Hausgebrauch dabei. Anfänger sollten jedoch Vorsicht walten lassen. Nicht jeder selbsternannte Experte versteht wirklich etwas vom Ausdauersport, manche wollen zweifelhafte Nahrungsergänzungsmittel verscheuern oder halbgare Trainingspläne. Erfahrungsberichte in Laufforen können als erste Orientierung dienen, manchmal finden sich tatsächlich günstige Klamotten. Aber das persönliche Gespräch mit kompetenten Verkäufern oder einem engagierten Trainer ist durch die Online-Coachs nicht zu ersetzen.

14.
FROSTSCHUTZ FÜR FRUSTRIERTE

Beim Sport gibt es eine eiserne Regel. Je größer der Trottel, desto schärfer die Ausrüstung. Aber manchmal brauchen auch Haudegen eine Dosis Hightech. Achim goes shopping.

Seit ein paar Tagen ist Sibirien hier, Temperaturen dauerhaft weit unter dem Gefrierpunkt. Das ist lebensgefährlich in einer Stadt wie Berlin, die so pleite ist, dass der Regierende Bürgermeister schon über die Partys ziehen muss, um eine warme Mahlzeit zu bekommen. Nirgendwo wird gestreut, schon gar nicht in den Parks. Zwei Grundwerte des Läufers stehen in einem unauflösbaren Konflikt: Zum einen »Ich muss trainieren«, zum anderen »Ich darf mich nicht verletzen«.

Neulich – Mona war bei der Feng-Shui-Beratung und konnte mich nicht kontrollieren –, habe ich mittags heimlich das Büro verlassen, um mich zu meinem Dealer zu schleichen. Er heißt Sven und arbeitet im Ausdauertempel. Ich brauchte wieder eine Dosis. Diesmal hatte ich sogar einen Grund: Es war kalt und glatt. Und ich war schlecht ausgerüstet. Ich brauchte ein paar Spikes, die man sich unter die Laufschuhe schnallen kann – für sicheren Halt auf eisigen Wegen. Kostenpunkt: 16,90 Euro.

Sven ist ein Tier, Schultern wie King Kong, Taille wie Mona. Zu allen Jahreszeiten trägt er ganz zufällig Klamotten, die den Blick auf Bein oder Arm frei geben. Sehnen lügen nicht. Vergangenes

Jahr hat er die Ironman-Qualifikation in Frankfurt um zwölf Minuten verpasst. Sven ist Veganer, trainiert mindestens fünf Stunden am Tag und gehört dennoch zu der Sorte Verkäufer, die einem nicht gleich das Gefühl geben, eine lahme Wurst zu sein. Er tut so, als nehme er meine Probleme ernst; wir sprechen von Profi zu Profi, in knappen, ehrlichen Sätzen. Wahrscheinlich lacht er sich tot über mich. Aber fairerweise wartet er damit, bis ich den Laden verlassen habe.

»Kalt, wa«, sagt Sven, als ich den Ausdauertempel betrete. »Und glatt«, erwidere ich, »trainieren oder nicht?« Sven grinst: »Ich bin heute Morgen zwei Stunden gelaufen – alles eine Frage des Materials.« Er klopft auf eine Packung im Regal, an dem er lehnt. »Hier, skandinavische Funktionsunterwäsche, dreilagig atmungsaktiv, geht bis minus 25 Grad. Damit trainiert die norwegische Biathlon-Nationalmannschaft.« Sven kennt die Reizwörter genau, mit denen spontanes, unkontrolliertes Verlangen ausgelöst wird. »Und der Kopf?«, frage ich, »da friere ich immer besonders.« Sven angelt eine schwarze Gesichtsmaske hervor, perfekt für den Banküberfall. »Microfaser mit Optimized-Face-Temperature-Control-System. Habe ich auch. Ist echt super.«

Eine halbe Stunde später türmt sich ein Haufen atmungsaktiver Hightechfaser an der Kasse. Handschuhe, Pulswärmer, Mütze, Ohrenschützer, Nierengurt, alles auf Goretex-Basis, eine Winterjacke mit Top-Athlete-Climate-Management, und natürlich neue Laufschuhe (Alaska Polar Arctic High Endurance Power), weil die dicken Wintersocken (Extreme Performance Ultra) eine Nummer mehr erfordern. »Mit drei Prozent Stammkundenrabatt kommen wir auf 623 Euro«, sagt Sven beiläufig, »das ist ein Spitzenpreis.« Ich nicke. Keine Schwäche zeigen, Achilles. Material ist der halbe Erfolg. In elegantem Bogen landet meine Kreditkarte auf dem Klamottenberg.

Sven legt noch eine Packung Lebertrankapseln (»Holy Secret of the Inuit«) mit in die Tüte. »Super Zeug, schenke ich dir«, sagt er. Verdammt, da fällt mir ein, ich hatte das Wichtigste vergessen.

»Spikes?« Sven lacht höhnisch. »Lass den Quatsch. Damit versaust du dir die ganze Technik. Außerdem sind die schon seit Wochen ausverkauft.« Ich nicke. Klar, meine Technik, logisch. Danke, Sven, echt, du.
Es war nicht leicht, die große Tüte an Mona und Karl vorbei in den Keller zu schmuggeln. Als die beiden am Samstagnachmittag im Kino waren, fuhr ich in meine neuen feinen Laufsachen. Es dauerte etwa eine Dreiviertelstunde. Der Norweger hat sehr dünne Beine. Ich nicht. Die Nähte ächzten. Ich schwitzte. Die Gesichtsmaske steckte ich in die Tasche. Ich fühlte mich wie ein Teletubby, als ich zum Auto ging.
Am Schlachtensee waren Horden von Läufern unterwegs. Es war ungewohnt, mit all den Hochtechnologiefasern am Körper zu laufen. Man sollte die Strecke »Materialschlachtensee« nennen. Ich schwitzte wie ein Schwein. An der Treppe zum See-Café lag eine dicke Eisschicht, die alle Stufen gleichmäßig überzog. Die High Endurance Power meiner Alaskas stieß an ihre Grenzen. Ich kam ins Rutschen, verlor den Halt und klammerte mich an das Geländer. Der Schweiß, der aus meiner Gesichtsmaske lief, tupfte lustige Muster ins Eis.
Stufe für Stufe zog ich mich empor. Hinter mir hörte ich rhythmisches Klacken. Ein älterer Herr in einem Adidas-Trainingsanzug aus Herberger-Tagen sprang die Stufen hinauf. Er hatte diese Unterschnall-Spikes an den Füßen, wahrscheinlich noch aus seiner Zeit bei der Wehrmacht. Freundlich rief er mir zu: »Erkälten Sie sich nicht.« Blödmann. Mit deiner saumäßigen Technik würde ich lieber mal die Klappe halten.

ACHILLES' TIPP 14

Das innere Feuer

Eine Urangst des Läufers: Kälte. Weitab der Zivilisation steif gefroren im Graben zu liegen, die starren Finger in den Windbreaker verkrallt – wer möchte schon so sterben? Fakt ist allerdings auch: So gut wie nie ziehen sich Läufer zu dick an. Nach einigen frösteligen Anfangsminuten ist der Körper schnell auf einer angenehmen Betriebstemperatur, die bei stärkerer Kälte am sanften Dampfen oder gar an klimpernden Eisklötzchen in den Haaren zu erkennen ist. Mütze? Unbedingt, möglichst über die Stirn ziehen, wegen der Nebenhöhlen. Handschuhe? Geschmackssache. Dicke Socken? Dito. Goretex-Jacke? Starkschwitzer werden in den bunten Tüten zerlaufen, für Schwachschwitzer ist die Jacke okay. Geheimtipp: Nierengurt. Gibt es aus dünnem Stretchmaterial im Radbedarf, trägt kaum auf, zwingt sogar die Wampe in Form und verhindert die Schweißkälte über dem Hinterteil. Ansonsten: Die Panik vor der Kälte ist erheblich schlimmer als die Kälte selbst. Statistisch gesehen sind weit mehr Läufer an Überhitzung als an Erfrierungen eingegangen.

15.
GOLDENE SCHENKEL, VERSILBERTER RUHM

Schon der Gedanke ans Geldverdienen ist Verrat. Dem Läufer ist sein Sport heilig, Ehre, Kraft, Mut, Ausdauer. Werbung am Mann ist Betrug an der Bewegung – aber eben auch lukrativ.

Mona ist eine schlaue Gattin. Wäre sie blond und besäße eine Vorliebe für Paillettenjeans, hätte sie als Fußballerfrau Karriere gemacht, so gerissen ist sie. Am Samstag, als ich die Laufausrüstung anlege, setzt sie sich im Bett auf, lässt den Wirtschaftsteil der »Frankfurter Allgemeinen« sinken und beobachtet mich seit langer Zeit mal wieder verdächtig ausführlich.
Mona sagt immer, ich hätte »Lothar-Matthäus-Schenkel«. Das ist ein mehrfach niederträchtiger Vergleich. Kräftige Oberschenkel, deren Muskeln sich irgendwo tief im Inneren des Beines befinden müssten, sonst würden sie sich ja unter der Haut irgendwo abzeichnen, sind genetisch bedingt, die werden nun mal nicht kenianischer mit der Zeit. Auf meine Charakterbeine werde ich so gern angesprochen wie Peter Maffay auf diese Pocke mit den Borsten links über seiner Oberlippe. Das weitaus gemeinere Verletzungspotenzial steckt allerdings in »Lothar Matthäus«.
Ich weiß, dass Mona es gleich wieder sagen wird, ich weiß, dass es mich treffen wird. Und ich kann nichts dagegen machen. Da! »Du, Achim« – es geht schon los. »Kann es sein, dass deine Beine dünner geworden sind?« Wie bitte? Ähhh, also. Das stand nicht

im Drehbuch. Mona spielt falsch. Auf Ehe-Dialoge muss man sich verlassen können. Sie sind die T-Träger einer langjährigen Beziehung. Was will mein Vipernweib?

»Findest du?«, sage ich, um Zeit zu gewinnen. »Schade, früher hattest du so schöne breite Lothar-Matthäus-Schenkel.« War ja klar. »Willst du sie zurückhaben?«, frage ich. »Gib mir vier Wochen Urlaub und ein paar Kästen Pils.« Mona wedelt angewidert mit der Zeitung. Sie sagt: »Du verstehst mich nicht, hier steht, dass alle Ausrüster in diesem Jahr über 100 Millionen Euro für Werbung mit Athleten ausgeben. Und deine Beine sind so geformt, dass man Reklame darauf ganz besonders gut lesen könnte, wegen der Fläche.« »Aha«, sagte ich und verstand nicht ganz. »Wichtig ist die Zahl deiner Kontakte, wie viel Leute dich sehen«, erklärte mir das Marketing-Luder, das ich bis eben für meine arglose kleine Frau gehalten hatte.

Auf Monas Befehl hin saß ich abends vor einem Blatt Papier. Wie spricht man die Sportartikel-Industrie an? »Liebe Gierhälse« wäre ehrlich. Die lassen mich schließlich ihren bunten Krempel teuer bezahlen, obwohl ich pausenlos Werbung für sie laufe. So gehe es nicht weiter, hatte Mona gesagt. »Was Peer Steinbrück und Robert Hoyzer können, kannst du schon lange, Achim: Nebenverdienst. Nur ehrlicher.«

Ich lasse die Anrede erstmal offen und komme gleich zum Punkt. »Ich laufe in der Woche drei- bis viermal in belebten Berliner Naherholungsgebieten. Dabei begegnen mir jeweils etwa 100 Menschen, 50 davon aus der Kernzielgruppe ›Läufer‹. Im Jahr komme ich so auf etwa 20 000 Kontakte. Hinzuzurechnen sind zahlreiche erstklassige Laufveranstaltungen mit hoher Medienpräsenz, vielen Teilnehmern und Zuschauern, die mich durch mein langes Verbleiben auf der Strecke allesamt sehen.« Welche Veranstaltungen, das verrate ich lieber nicht. Reicht ja, wenn wir das bei der Vertragsunterzeichnung klären.

Und jetzt das grandiose Finale: »Hiermit stelle ich also fest, dass meine Reichweite die der einschlägigen Sportfernsehkanäle bei weitem übertrifft. Wegen meiner physischen Eignung zur Sonderwerbefläche biete ich Ihnen hiermit an, mich von ihnen gegen eine von meiner Managerin auszuhandelnde Kompensation exklusiv ausrüsten zu lassen und, bevorzugt langfristig, unter Vertrag zu nehmen. In Läuferkreisen gemachte Äußerungen zum optimalen Dämpfungsverhalten Ihrer Sohle sowie Auftritte im TV würden gesondert honoriert.«

Das mit dem Fernsehen hatte sich Mona ausgedacht. Beim Hamburg-Marathon zum Beispiel läuft eine Endloskamera, an der jeder vorbeiwackeln muss, der unter sechs Stunden im Ziel ist. Wahrscheinlich wird das morgens um drei Uhr im Wechsel mit der »Space Night« gesendet. Ich könnte beim Passieren wie zufällig auf den Markennamen zeigen und beide Daumen emporrecken, als ob ich meine Weltklasseleistung nur den Schlappen aus Vietnam zu verdanken hätte. Wenn sie anbeißen, könnte ich mich auch bei Hallaschkas »Stern-TV« ins Publikum schmuggeln und im richtigen Moment aufspringen, krakeelen oder einen Infarkt vortäuschen. Von den Zuschauern hat ja jeder ein Logo auf dem Sweatshirt. Ob die alle einen Ausrüstervertrag haben? Hauptsache, ich muss mir nichts auf den Hemdkragen kleben.

Managerin Mona überarbeitete das Schreiben und wählte die selbstbewusste Anrede: »Sehr geehrte Geschäftspartner!«. Sie hatte sich bereit erklärt, den Brief zu kopieren und an zehn ausgewählte Hersteller zu versenden. Ich betastete andächtig meine Schenkel. So fühlen sich Millionenbeine an.

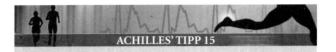

ACHILLES' TIPP 15

Laufende Litfass-Säulen

Die brutalste Form der Ökonomie ist der Läufer-Kapitalismus. Er wurde von der Sportartikel-Industrie erfunden. Jede erdenkliche Freifläche auf Schuhen, Socken, Hosen, Hemden, Jacken, Stirnbändern ist mit Schriftzügen, Logos oder Emblemen verziert. Je größer, desto teurer. Adidas, Nike & Co. haben der Läuferschaft beigebracht, für ein Dasein als wandelnde Litfass-Säule auch noch viel Geld auszugeben. Markenname = Kompetenz = besserer Läufer, so signalisieren es drei Streifen, springende Raubkatzen und der Swoosh. Gerade Anfänger haben oft das Gefühl, sich mit teurer Erstausstattung in die Gemeinschaft der Läufer einkaufen zu müssen. Nichts sieht allerdings peinlicher aus als ein nagelneuer Laufschuh. Also schnell noch mal durch die Pfütze springen vor der öffentlichen Premiere. Gibt es einen Weg, sich werbefrei durch den Wald zu bewegen? Klar, Klamotten von Tchibo, Aldi oder aus der eigenen Grabbelkiste sind preiswert und genauso gut. Aber wer bringt dieses Selbstbewusstsein schon auf? Nur Menschen, die aus Überzeugung Lada fahren.

16.
DIESES VERDARMTE UNBEHAGEN

Es gibt wissenschaftliche Untersuchungen zu diesem Thema. Peristaltik und so, schon klar. Nur: Was nützt einem die Forschung, wenn es drückt und kneift? Dann hilft nur ein Abstecher in die Botanik. Aber wehe, dort lauert ein bissiger Vierbeiner.

In der Läuferszene herrscht ein Kartell des Schweigens. Und alle Gurus machen mit: Strunz, Greif, Steffny, Wessinghage, Karraß, alle. Keiner redet darüber, in keinem Fachbuch wird dieses Thema ehrlich angesprochen. Skandalös, wie Tausende von Laufnovizen in ihr Unheil geschickt werden. Hiermit enttarne ich die verdauungstechnische Weltverschwörung.

Es ist eine verdammte Lüge, dass Läufer immer nur in strahlend hellen Laufhosen dem Sonnenuntergang entgegenfedern. In Wirklichkeit trippeln viele mit zusammengekniffenen Lippen und Pressatmung direkt ins Unterholz, um eine Kuhle zu finden, ein Gebüsch, Schutz vor den angewiderten Blicken von Hundebesitzern, die bei Läufern komischerweise verabscheuen, was sie bei ihren verdammten Kötern völlig normal finden.

Es ist wahrscheinlich eine Frage der Physik, der Schwerkraft. Wenn man einen Sack Torf immer und immer wieder auf den Boden plumpsen lässt, dann wird der Inhalt verdichtet. Und wenn ein Läufer seinen Körper Schritt für Schritt auf den Boden plumpsen lässt, dann wird auch was verdichtet. Wobei die Physik

nicht für alle gleichermaßen gilt. Es gibt ja zwei Sorten von Menschen: die Morgen- und die Abend-Verdichter. Ich bin ein Morgen-Typ, im Gegensatz zu Klaus Heinrich.
Immer wenn wir sonntags laufen, ist es das gleiche Elend. Wir sind keine zehn Minuten unterwegs, haben noch nicht mal angefangen, die charakterlichen Unzulänglichkeiten unserer Partnerinnen zu analysieren, da kommt dieses feine Pieken aus der Tiefe der Bauchhöhle. Ich versuche es wegzuatmen. Keine Chance. Nach dem Pieken kommt das Drücken. Hektisch schwingt der Kopf umher. Nervöse Blicke tasten den Wegesrand ab. Welcher Busch hat im Winter noch Blätter? Wo zieht sich ein Trampelpfad ins Unterholz? Wo also ist man sicher vor Hundeführerblicken, so sicher, wie man in einem Wald ohne Blätter sein kann, in dem man eine leuchtend gelbe Jacke durch die Bäume ungefähr bis Moskau sieht.
Dann folgt das Grollen. Der Atem stockt. Natürlich genau in dem Moment, in dem von vorn ein spazierendes Paar kommt, die Hundeleinen locker in der Hand, nur die elenden Tölen sind nicht zu sehen. Dobermänner wahrscheinlich oder Doggen oder räudige Rauhaardackel, die tückisch von unten schnappen. Scheißegal, es gibt kein Halten mehr. »Äh, lauf' schon mal langsam weiter«, quetsche ich hervor, »ich, ääh, nur, der Kaffee, hmpff, pinkeln.« Klaus Heinrich nickt angeekelt. Er ahnte, was gleich passiert.
Im Laufen versuche ich den Knoten der Hose aufzufummeln. Natürlich will sich der doppelte Palstek nicht lösen.
Ich stolpere über eine Wurzel, ein Ast schlägt mir ins Gesicht. Die Spaziergänger sind keine zehn Meter entfernt und schauen interessiert. Da bricht plötzlich ihr ausgewachsener Schäferhund aus dem Dickicht. Er rennt auf mich zu. Ich biege scharf nach links und suche Schutz hinter dem umgefallenen Baum. Gleich dahinter verläuft allerdings ein Querweg, den eine Familie mit einem halben Dutzend Kindern entlangkommt. Ich drehe um und schlage einen Haken. Untenrum löst sich was. Bitte nicht. Zum

Glück nur Luft. Immerhin: Die Sprache des scharfen Dunstes versteht man im Tierreich. Das Biest dreht ab. Ich bin alleine. Gehe zu Boden. In letzter Sekunde.
Früher hatte ich mal Papier dabei, zwei Bogen Küchenrolle, zusammengefaltet, im Ärmel. Die sind stabiler als Dreilagiges. Aber nicht stabil genug, wenn man zur raren Spezies der Extrem-Unterarmschwitzer gehört. Und es sieht seltsam aus, wenn beim Laufen weiße Krümel aus dem Ärmel rieseln. Sobald man es braucht, ist das Papier jedenfalls weg. Also zurück zur Natur. Laub ist im Wald ja genug da. Meistens ist es allerdings zu trocken. Oder zu nass. Oder zu verrottet. Oder mit langen harten Tannennadeln durchmischt. Kleine eklige Tiere wohnen auch zwischen den Blättern. Es juckt.
»Achim, alles klar?«, ruft Klaus Heinrich vom Waldweg aus. Er ist schon ein paarmal auf und ab gelaufen. »Jaja«, antworte ich, »habe nur den Autoschlüssel verloren.« Klaus Heinrich denkt einen Moment nach. »Aber wir sind doch mit meinem Auto gekommen«, sagt er. Schweigend traben wir weiter. So richtig kommt unser Gespräch nicht mehr in Gang. Klaus Heinrich läuft am äußersten Rand des Weges. Wie ich den alten Spießer kenne, denkt er wieder nur an seine Ledersitze.

ACHILLES' TIPP 16

Tüchertasche, Yoga, Waldmarathon

Statt Achim antworten hier die in allen Lebenslagen kompetenten SPIEGEL ONLINE-Leser:

»Ich habe es mir angewöhnt, immer ein paar Blätter Toilettenpapier bei mir zu tragen, gegen das Durchweichen durch Schweiß geschützt entweder in einer leeren Taschentuchhülle (10er Pack, Sie wissen schon, zum Wiederverschließen) oder in einer Frischhalteplastiktüte (nicht so gern, die Verschlüsse sind hart und wenig biegsam). Dieses kleine Päckchen kann man leicht verstauen, im Winter in einer Tasche der langen Hose oder Jacke, im Sommer im Zweifel vorn in der Unterhose (nach 25 km ist dort eh Platz genug).« WERNER

»Ich habe in meinem Läufertagebuch oft einen Eintrag: SMT, das ist das Kürzel für Schließmuskeltraining. Da wird jeder Meter zur Qual, bis endlich das Haus in Sicht ist, jetzt noch in den 3. Stock hoch, mit zusammengekniffenen Backen am Treppengeländer hochgezerrt, Schlüssel längst in der Hand, Tür ins Schloss werfend, Deckel hoch, Hose runter – aaaahhhhhh!« DETLEF

ACHILLES' TIPP 16

»Vielen Dank für Ihre Verse zum Thema Peristaltik. Versuchen Sie es beim nächsten Mal mit einer spontanen Yoga-Übung und denken Sie dabei ganz intensiv an meditative Musik. Das könnte zur Entspannung der Lage beitragen.«   DIETER

»Ich habe schon genug Ärger mit den Läufern wegen meinem Hund, und der regt sich keineswegs über ›sich den Darm entleerende Läufer‹ auf. Was auf ›die Läufer‹ in Bezug auf unseren Hund nicht zutrifft.«
MICHAEL

»Ich habe auch schon ähnliche Erfahrungen aus dem Bereich der Peristaltik gemacht. Joggen im Wald ist in Brasilien kaum möglich, da der Urwald an den meisten Stellen kaum begehbar ist. Viel Spaß macht das Joggen allerdings am Strand. Wenn es im Darm drückt, dann stürzen wir uns kurz in die Wellen und tun so, als würden wir uns abkühlen.«
MICHAEL

»Bei einem labilen Unterleib drängen sich Waldmarathons wie Arolsen förmlich auf, bei denen der Mangel an Zuschauern durch schier unerschöpfliche peristaltische Ausflugsmöglichkeiten mehr als wettgemacht wird.«   BERND

17.
ANGRIFF DER BALLONSEIDEN-OSSIS

Die Wiedervereinigung hatte viele Facetten. Die einen bekamen Bananen und D-Mark, andere einen dicken Hals. Einige der ausgestorben geglaubten Exemplare sind bis heute erhalten geblieben. Beim Laufen erkennt man sie sofort – an Stechschritt und NVA-Klamotte.

Es gibt Orte, an die erinnert man sich nur wegen des Geruchs. Diese Plattenbauschule zwischen Köpenicker Landstraße und Neuer Krugallee zum Beispiel, wo sich an einem Sonntagmorgen im Februar alle morgenverdauenden Sportsfreunde Berlins treffen. Der Basisduft ähnelt dem Abort eines Atom-U-Bootes nach sechswöchigem Tauchgang, zart überlagert von einem Aroma kunstfaseriger Herrensocken, die in den Gummistiefeln eines Bohrinsel-Malochers fortgeschrittenen Zerfall erlebten. Korrespondierende Kopfnoten: Puma und Schabrackentapir. Der Kenner riecht sofort: Läufer hier, viele Läufer! Wer beim Plänterwald-Lauf mitmachen will, muss rein in dieses olfaktorische Inferno, zum Anmelden.

Beim Plänterwald-Lauf ist alles wie früher, als die Welt noch geordnet war in Gut und Böse: Rennen ohne Homepage, Startnummer ohne Reklame, Zeitnahme ohne Chip. Sport ohne Kapitalismus eben. Und der Wald ist auch kein Wald, sondern eine Grünanlage in Treptow an der Spree, so licht, dass man vorher freiwillig dieses kontaminierte Schulklo aufsucht. Dabei habe ich extra ein Gefrierbeutelchen mit Klopapier im Ärmel. Hat mir Mona empfohlen.

Eine Runde um den Wald – macht fünf Kilometer. Mädchen laufen eine, ich natürlich vier, oder vielleicht auch nur drei. Schonungslose Formüberprüfung.

Der Plänterwald-Lauf ist der New-York-Marathon der Ost-Berliner: nur halb so lang, dafür doppelt so vermüffelt. Wahrscheinlich feuert Hans Modrow den Startschuss ab. Hier trifft Westberliner Spaß-Guerilla auf finster dreinblickende Ostberliner Lauf-Hamas.

Für Ossis ist Laufen eine brutal ernste Angelegenheit. Manche haben das ganze Jahr auf diesen einen Moment hingefiebert, wenn sie sich kurz vorm Start aus dem knisternden Ballonseidentrainingsanzug schälen, den sie sich damals vom Begrüßungsgeld geleistet haben. Sie laufen bei null Grad in kurzen Hosen. Sie sind nicht zum Quatschen hier, sie wollen Bestzeit. Ihre Beine sind kurz und krumm. Waden wie Brötchen. Hinterm Stirnband haben sie einen Schwamm stecken. Die Fundamentalisten drängeln sich nach ganz vorn zur Startlinie. Laufen ist Religion. Lachen verboten.

Der Wessi legt für den Plänterwald-Lauf unweigerlich seine ältesten Klamotten an. Neue Laufschuhe provozieren eisige Blicke, die sagen: »Soso! Der Herr aus dem Westen hat's natürlich richtig dicke und muss es allen zeigen.« Ossis können wahnsinnig vorwurfsvoll gucken. Ich werde mir bei eBay ein paar original NVA-Turnschuhe besorgen, wegen der sozialen Gerechtigkeit. Andererseits: Einfach einen Spoiler für den tiefergelegten Kia weniger, dann sind auch mal ein Paar neue Treter drin.

Ich starte weiter hinten. Großer Fehler. Rudel breithüftiger Damen blockieren den Weg. Meine Marschtabelle gerät schon am Start in Gefahr. 5:30 Minuten pro Kilometer auf der ersten Runde, auf der zweiten 5:20, dann 5:10 und 5 Minuten glatt auf der letzten – macht 1:45 Stunden über 20 Kilometer. Hochgerechnet auf den Marathon dürften das unter vier Stunden sein. Achim, die Rakete.

Ein älterer Herr hat offenbar den gleichen Zeitplan. Er trägt einen grauen Jogging-Anzug, Modell Lichtenhagen, garantiert funktionsfrei, dafür mit zartem Schatten im Schritt. Gevatter zieht auf der zweiten Runde leicht an. Ich bleibe in seinem Windschatten. Nach der zweiten Runde könnte ich gut aufhören. Im Ziel stehen moppelige Ein-Runden-Läufer und scherzen. Opa beschleunigt wieder leicht. Nicht mit mir, Alterchen! Jetzt bist du reif. Ich bin Baumann, der Dieter. Zentimeter für Zentimeter Zwischensprint. Der Asphalt glüht. Achim, der weiße Kenianer. Der Rentner sieht nur noch meine Hacken. Ich fliege über die Ziellinie. Endlich kannst du ausruhen, Senior. Drei Runden sind ganz gut für dein Alter.

Ich laufe die vierte Runde natürlich noch. Die letzten Trainingskilometer sind immer die wertvollsten. Und die gemeinsten. Das Sprintduell gegen den Rentner hat Kraft gekostet. Meine Oberschenkel fühlen sich an, als schwappe flüssiges Blei darin. Ich biege ins Unterholz, pinkele drei Tropfen, quäle mich zurück auf den Weg. Hölle! Keine 200 Meter entfernt kommt dieser alte Gnom angewackelt. Der Infarkt soll ihn fällen. Ich kann nur noch Schlurfschritt. Knie wie Flummis. Herr, wirf Epo vom Himmel! Hinter mir der Klang von 20 Jahre alten NVA-Turnschuhen, fest und rhythmisch. Aber er überholt nicht. Der verdammte Sausack lässt sich ziehen und ruht sich aus.

Noch knapp zwei Kilometer. Die Spaziergänger auf dem Weg an der Spree drehen sich entsetzt um. Was früher mein Atem war, rasselt wie eine Kettensäge. Meine Zunge schmeckt wie Gandhis Sandale. Klare Gedanken, Achim, auch wenn kaum noch Blut im Hirn fließt. Olympisches Finale: Du und der Russe allein an der Spitze. Wie lockt man ihn nach vorn? Klar, einfach langsamer werden. Und schon kommt Opa aus dem Rhythmus. Jetzt hat er es satt. Haha. Er zieht vorbei.

Natürlich denkt er, dass er mich jetzt abhängt. Aber nicht Achim,

den Beißer. Ich starre auf seine abgelaufenen Sohlen, den knochigen Hintern. Nicht nachlassen. Letzte Kurve. Sabber rinnt aus meinen Lefzen. Noch 400 Meter. Opa zieht an. Ich auch. Meine Lunge fliegt in tausend Stücke. Rettungshubschrauber. Ich will kotzen. Brennen überall. Egal, hier fightet der Westen. Opa kommt nicht weg. 30 Meter noch. Brich dir die Beine und fall in den Graben, elender Zausel!
Ein Dutzend Zuschauer feuert den Alten an. Alles elende SED-Mitglieder. Brust an Brust jagen wir über die Ziellinie. Foto-Finish, unentschieden. Ich falle ins Laub.
Als ich wieder zu mir komme, steht Gevatter da und reicht mir einen Plastikbecher Tee. Er sagt irgendetwas auf Sächsisch. Ich liebe ihn. Wahre Freundschaft gibt es nur unter Läufern.

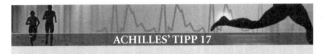

ACHILLES' TIPP 17

Check it

Hart, aber unvermeidlich – eine Formüberprüfung im frühen Frühjahr. Der Läufer neigt ja dazu, sich seine eigene Welt aus gefühlten Daten, Zeiten und Fakten zusammenzuphantasieren. Wie desillusionierend kann da eine unbestechliche Uhr an einer korrekt vermessenen Strecke sein. Wer den Schock über die eigene miese Leistung aber schon im Februar verspürt, hat die Chance bis zum Sommeranfang noch eine Menge aufzuholen. Wer sich allerdings vor einer objektiven Leistungsüberprüfung drückt, der kann in seinen angepeilten Wettbewerben unangenehme Überraschungen erleben. Gerade kleinere Volksläufe eignen sich gut zum Leistungs-Check. Und immer dran denken: Den anderen geht es auch nicht besser.

18.
AUA

Die letzten drei Monate vor dem Marathon sind die härtesten. Lange Läufe, schnelle Läufe, viele Läufe. Und der Kopf muss auch noch mitmachen.

Die Sportartikel-Industrie ist ausgesprochen ignorant. Auf Monas Briefe, die mich als ideale Breitensportwerbefläche anpriesen, kam nur eine einzige jämmerliche Absage, auch noch als Formblatt. »Vielen Dank, aber ...«, ja, ja, ja. Die anderen reagierten nicht einmal. Ab sofort überklebe ich alle Logos an meiner Wäsche und sage dem arroganten Großkapital den Kampf an: Ich werde eine eigene Marke erfinden. Bei dem Jackenbedrucker meines Vertrauens werde ich einen Prototypen anfertigen lassen. Das Label heißt, Tusch, Fanfare, Trommelwirbel, Achtung, fertig machen zum Ablachen: EPO-OPA. Lustig, oder? Frech, selbstironisch, Absage an den Jugendwahn, mit historischem Augenzwinkern und klarem Bekenntnis zum Drogenkonsum. Für Frauen gibt's natürlich eine eigene Linie: EMO-OMA. Das Gute an EPO-OPA und EMO-OMA: absolut gratis, kann jeder haben, Marken des Volkes, deutliche Absage an den Labelterror. Einfach irgendwo draufschreiben.

Ich gebe ja zu: alles Schwachsinn. Aber womit soll man sich sonst beschäftigen, wenn man einen Marathon-Trainingsplan zu befolgen versucht und eigentlich nichts anderes mehr tut als zu

laufen? Drei Monate vor dem Marathon wird das Leben des Läufers ziemlich eindimensional. Zuvor sollte man sich daher von seiner Familie, allen Freunden und dem Chef verabschieden. Marathon ist der sicherste Weg, Beziehung, Knie, Selbstwertgefühl und Karriere zu ruinieren. »Trainieren heißt auch Schmerzen ertragen«, sagt Coach Karraß kühl. Und ich wanke durch die Hölle. Vier Trainingstage und 70 Kilometer sind pro Woche gefordert, die Freaks machen 140 Kilometer an sieben Tagen die Woche.
Mona ist bereits auf die Couch gezogen. Sie kann mein Stöhnen nachts nicht mehr ertragen. Jedes Umdrehen ist reine Qual. Der 35-Kilometer-Lauf vom Samstag steckt mir noch immer in jeder Muskelfaser. An die letzte Stunde kann ich mich beim besten Willen nicht mehr erinnern. Wahrscheinlich war es längst dunkel. Ungefähr nach 20 Kilometern ist mir »EPO-OPA« eingefallen. Nach 25 Kilometern dann Blutleere im Hirn. Jeder Gedanke gedacht. Jedes Gefühl gefühlt. Totale Leere. Läufers Delirium. Wigald Boning ist Dauerläufer, Joey Kelly auch. Das erklärt eigentlich alles.
Heute ist Pause. Morgen muss ich sechsmal 1000 Meter sprinten. Aber wie? Ich bin zu schwer. Ich bin schlecht trainiert. Der rote Faden meines Lebens ist, dass ich immer schlecht trainiert war. Alle Menschen, die nicht schlecht trainiert sind, sind mir suspekt. Welch ein armseliges Leben muss ich führen? Morgens der erste Gedanke: Alles tut weh. Abends der letzte Gedanke: Alles tut weh. Bei jedem Bissen: schlechtes Gewissen. Bei jeder Pause: Warum läufst du nicht? Bei jedem Schmerz: Achilles, du erbärmliches Weichei. Beim Atmen: Tiefer! Schon gestretcht heute? Blick auf den Kalender: Panik. Schritt auf die Waage: Notschlachten. Im Trainingsplan blättern, ob nicht vielleicht ein paar lange Läufer verschwunden sind. Wo ist das Arsen?
Wir wohnen im Erdgeschoss. Drei klitzekleine Treppenstufen nur. Die nette Frau Moll von oben, die mich für einen prominenten Sportler hält und mir Energiekekse oder Proben von Latschenkie-

fer-Fußsalbe aus der Apotheke zusteckt, hat mich neulich mitleidig beobachtet, wie ich versucht habe, die Stufen zu erklimmen: rückwärts. Die Knie ließen sich einfach nicht mehr durchbiegen. Mona ist wunderbar. Ich habe ihr den Trainingsplan gezeigt. »Du bist verrückt, Liebling. Das schaffst du nie«, sagte sie in ihrer aufmunternden Art. Von Aldi hat sie mir Rheuma-Badezusatz mitgebracht. Soll gut sein für die Durchblutung. Also einen ordentlichen Schuss ins Badewasser. Nach drei Minuten bin ich schreiend aus der Badewanne gefahren. Woher soll ich wissen, dass man das Zeug mit der Pipette dosieren muss? Jede Berührung mit dem Handtuch brannte wie das Fegefeuer. Mona hat wortlos den Boden gewischt. Ich saß zähneklappernd auf dem Badewannenrand. Dann bin ich ins Bett gegangen. Mit drei großen Sofakissen unter den Beinen klappte es. Kaum wurde das Hautbrennen weniger, kam das Beinbrennen zurück.
Heute Abend sind wir bei »Supi«-Roland von oben eingeladen, vierter Stock, kein Aufzug, drittklassige Reklame-Fuzzis, die versuchen, Bordeaux-Lagen richtig auszusprechen. Wir sollen um acht Uhr da sein. Wenn ich um Viertel nach sieben vorsichtig rückwärts starte, kann ich es halbwegs pünktlich schaffen.

ACHILLES' TIPP 18

Qualität kommt von Qual!

Es ist nur ein schwacher Trost, aber immerhin: Jedem tut es weh. Die letzten Monate vor dem Marathon sind nichts für zarte Seelen. Gerade Novizen, die sich erstmals an die 42 Kilometer wagen, werden überrascht sein über einige merkwürdige körperliche Reaktionen, wie etwa Heißhunger-Attacken, lähmende Müdigkeits-Anfälle, schwankende Stimmungslagen. Drei Monate lang einmal wöchentlich die Sprinteinheit, etwa sechs- bis achtmal 1000 Meter auf der Bahn, und einmal die lange Strecke von drei bis dreieinhalb Stunden, dazwischen einen längeren ruhigen und längeren flotten Lauf – das ist das Minimalprogramm einer ordentlichen Marathon-Vorbereitung. Freaks bringen es auf mehr als sieben Trainingseinheiten die Woche, wenn sie etwa am Wochenende zweimal am Tag die Laufschuhe schnüren.

Gerade Anfänger, die ihre körperlichen Signale noch nicht so gut kennen, sollten allerdings vorsichtig sein. Die Gefahr von Übertraining lauert ebenso wie das Verletzungsrisiko. In beiden Fällen sind längere Pausen angezeigt und bringen den ganzen schönen Formaufbau durcheinander. Deswegen gilt: Jedes Warnsignal wie Schmerzen, die

ACHILLES' TIPP 18

über Nacht nicht verschwinden, Appetitlosigkeit oder trockene Lippen nicht ignorieren, sondern beobachten und gegebenenfalls mit Doc oder Trainer analysieren. Eine Blutuntersuchung beim Hausarzt gibt häufig Aufschluss über mögliche Gefahren. Am Ende gilt: Lieber einen Tag aussetzen und regenerieren als wochenlange Zwangspausen wegen übertriebenen Ehrgeizes. Es gilt Konfuzius: Balance ist alles.

19.
FOLTERKELLER FITNESSCENTER

Das Gute am Laufen ist, dass man sich viel an der frischen Luft bewegt. Tief durchatmen! Sauerstoff, jaaa! Was hat dagegen schon ein Etablissement in Stahl und Glas zur Körperertüchtigung zu bieten?

Mona geht ins Fitness-Studio, mindestens zweimal die Woche. Fitness-Studio ist wie Frauenzeitschrift. Die immer gleiche Story wird immer neu erzählt: ohne Mühe neuer Mensch. Der heißeste Trend ist Xco, was woanders Flexi-Bar heißt. Mona glaubt dran. Der Flexi-Bar ist ein dünner Metallstab von eineinhalb Metern Länge, mit Gewichten an den Enden. Das Ding muss man zum Wackeln bringen. Die Wackelwellen rütteln den Körper und vor allem jene teigigen Lappen durch, die sich gern an den Oberarmen reifer Frauen ablagern.

»Mehr Staubsaugen. Oder die Bierkästen selbst tragen, anstatt sie von Ahmed liefern zu lassen«, habe ich, der einfühlsame Personal Coach, meiner Gattin empfohlen. Sie hat nur geschnaubt und den Xco-Handschuh nach mir geworfen. »Oder auf die Waschmaschine setzen, wenn sie schleudert. Dann wird das hintere Bindegewebe gleich noch gerüttelt.« Doch Mona ist mental imprägniert. Sie trägt den sturen Gesichtsausdruck des Walkers: Mona will Xco unbedingt für großen Sport halten.

Neulich hielt sie mir einen Gutschein für ein kostenloses Schnuppertraining unter die Nase. »Komm doch mal mit. Die haben Laufbänder«, sagte sie. »Triathleten trainieren da auch, beim Spinning und im Schwimmbad: der stramme Martin, der kleine Sebastian und der dünne Michael.« Mona guckte schwärmerisch. Draußen regnete es. Ich war, wie immer, ein paar zügige 10-Kilometer-Einheiten im Rückstand. Also gut. Versuchen wir halt mal Mädchensport.

Zugegeben: Die Luft ist besser. Fitness-Studio-Gänger pflegen eine zivilisiertere Sockenkultur als Läufer. Und Fitness-Studio-Besitzer investieren Unsummen in kleine Alusäulen, die unablässig Wellnessduft absondern. Die Männer in der Umkleide sind zu dick, zu dünn oder zu schwul. Entweder sind es hühnerhäutige Klemmis, die sich das Handtuch vor den Bauch reißen, sobald er frei liegt. Oder gottverdammte Exhibitionisten, die ihren rasierten Muskelhaufen mit der putzigen kleinen Lunte gar nicht lange genug abtrocknen, begrabschen und eincremen können. Einer föhnt sich sogar den Rücken. Birgit, die Putzkraft, die Zen-gleich über die Fliesen feudelt, sollte doppelten Lohn bekommen – wegen seelischer Grausamkeit.

Mist. Ich habe völlig vergessen, dass an meinen Laufschuhen noch ein gutes Pfund Grunewald-Modder klebt. Vorsichtig klopfe ich sie in der Tüte ab. Keine Chance. Dicke Brocken fallen auf den Boden und vermengen sich mit der Restfeuchte von Birgits Feudel zu einem grauen Brei. Missbilligend guckt eine Tattoo-Tunte rüber. »Schuldigung«, sagte ich. »Das muss doch nicht sein«, fistelt das bemalte Wesen. »Heul doch«, denke ich und packe die Schuhe wieder in die Tüte. Ziehe ich sie halt auf dem Klo an.

Mona wartet schon ungeduldig. »Xco fängt an«, sagt sie. »Darf ich zugucken?«, frage ich. »Die Laufbänder sind da«, entgegnet sie und zeigt mit dem Xco-Handschuh in die Gegenrichtung. Wäre ich gar nicht drauf gekommen. Denn laufen tut eigentlich keiner. Zwei bauchfreie Mädchen spazieren nebeneinander her und unterhalten sich. Sie tragen kunterbunte Schühchen, die keine zwei Kilometer in der rauen Realität da draußen überstehen würden. Bei jedem dritten Schritt nuckeln sie am Hartschnuller ihrer Wasserflasche, Natur-Wasser natürlich. Wo haben sie denn ihre Xco-Handschuhe?

Nebenan spaziert ein älterer Herr unwesentlich strammer, immerhin hat er etwas Steigung eingestellt. Er scheint einen Gepäckmarsch zu simulieren. In der Bauchtasche trägt er einen CD-Player, auf dem Rücken ein Getränkeflaschenhalfter mit zwei Buddeln, einen Handyhalter inklusive Blackberry, dazu Stirnband und Handtuch um den Hals. In einem Rucksack bekäme er noch Dreibeingrill, Briketts, Kartoffelsalat und einen Doppelzentner Bauchfleisch unter.

Neben dem bepackten Herrn ist ein Band frei. Meins. Ich drücke »Quickstart«. Quick heißt: Erst mal Gewicht, Alter, Dauer, Profil eingeben. Profil? »Klassisch«, was sonst? Gibt es aber nicht. Also Berge. Niveau? Volle Lotte natürlich, in dem Memmenladen. Endlich Start. Das Band läuft rumpelnd an: angenehme elf Stundenkilometer. Ich gleite über das federnde Gummi. Ich spüre die Blicke im Rücken. Endlich mal ein richtiger Kerl, werden die Xco-Tanten denken. Hoffentlich nur die.

Das Band wird schneller. Zugleich richtet sich die Maschine vorne auf. Vier Prozent Steigung, zeigt das Display. Der erste Berg. Ich ächze. Niveau 12 war vielleicht etwas optimistisch. Ich drücke das große Minus, runter auf 10. Plötzlich steht ein in Orange gewandeter Jüngling neben mir, mit kunstvoll toupiertem Blond. »Ich bin der Maik«, sagt er, »brauchste Hilfe?« Sein Namensschild weist ihn als Instructor aus, was wohl eine Art Animateur ist. »Nee, alles klar. Ich laufe nur mehr draußen«, sage ich. »Sieht man, dass du Läufer bist«, sagt der Maik, »viel Spaß noch.« Netter Kerl, der Maik, kennt sich aus.

Ich federe entspannt weiter. Niveau 8 ist angenehm. Und Steigung ohnehin schlecht für die Knie. Die Laufbänder sind rings um eine Wendeltreppe angeordnet, die zur Rezeption führt. Man kann jeden einzelnen Kunden heraufkommen sehen. Manche nehmen die Treppe, deren 20 Stufen sich um einen Aufzug herumwinden. Die meisten Fitness-Freaks ziehen allerdings den Lift vor. Dann ziehen sie sich Sportsachen an, steigen auf dem Stepper eine Viertelstunde lang Stufen, duschen und fahren mit dem Aufzug wieder hinab.

Ein Xco-Handschuh tippt mir auf die Schulter. Monas Kurs ist vorbei, ihre in unauffälligem Kirschrot geglosste Lippen kaum in Mitleidenschaft gezogen. 42 Minuten, 6,1 Kilometer, meldet mein Display. Gab schon schlechtere Trainingstage. Jetzt erstmal Sauna. Zur Belohnung einen Eiweiß-Shake mit Grüntee-Guarana-Extrakt. Dann mit dem Fahrstuhl nach unten. Und morgen endlich wieder draußen laufen.

ACHILLES' TIPP 19

Am laufenden Band

Im Winter bieten sich dem Läufer phantastische Ausreden, um sich vor dem Training zu drücken: zu kalt, zu dunkel, zu glatt.
Ein Fitnessstudio ist genau das Gegenteil: zu warm, zu hell und exzellente Bodenhaftung nach allen TÜV-Normen des Planeten.
Natürlich ist es für den naturliebenden Ausdauersportler eine Zumutung, zwischen steppenden Hausfrauen und muskelschweren Gorillas seinen Übungseinheiten nachzugehen. Aber schaden kann es auch nicht. Mit ein paar Hörbüchern auf dem MP3-Player kann man sich von der Umwelt abschotten. Sinnvoll ist es, auf dem Laufband eine nicht zu knappe Steigung einzustellen. Denn die federnde Gummimatte, die da unter den Füßen läuft, verleitet dazu, die eigene Leistung völlig zu überschätzen. Die Tempoangaben der Maschine sind allemal zu großzügig bemessen und in der freien Wildbahn nicht wiederholbar. Ob sich eine Mitgliedschaft für das Winterhalbjahr lohnt, muss jeder Läufer selbst entscheiden. Zur Not tut's auch ein Mc-Studio, wo sich der lasche Mittelbau des Läufers an den Kraftmaschinen stärken lässt.

ACHILLES' TIPP 19

Dr. Matthias Marquardt empfiehlt Trainingseinheiten mit Freihanteln und auf der Gymnastikmatte sowie an den Kraftgeräten, wo besonders die Gesäßmuskeln – ein Schwachpunkt bei Läufern – trainiert werden sollten.

20.
PO ODER CONTRA

Schlimm ist es, von magersüchtigen Extremathleten ohne erkennbares Gesäß überholt zu werden, findet Achim Achilles. Er kennt auch die wahren Helden des Sports: Menschen, bei denen die Gelenke unter zeltartigen Beinkleidern knacken.

Auf jedem Konto Miese, nur bei den Kalorien ende ich wieder im Plus. Also gut: Das sonntägliche Mittagessen knicken, das Nickerchen auch, stattdessen raus ins Schneegestöber. Statt Glückshormonen ununterbrochen den Doofmann-Song »Alleinallein« im Ohr. Egalegal.

75 Minuten müssen es sein, um das Konto zu nullen, habe ich errechnet. Also freiwillig die große Runde durchs graue Industriegebiet ziehen. Alleinallein hat immerhin einen Vorteil, wenn die Schneeflocken ins Gesicht donnern: Ich bin ziemlich schnell, gefühlt jedenfalls. Kurz vorm Fliegen. Nur meiner Schwere ist zu verdanken, dass ich nicht gleich abhebe.

Plötzlich rhythmisches Hecheln im Nacken. Klingt eher nach Sport als nach Hund. Lieber nicht umdrehen, keine Schwäche zeigen. Ich bin nicht mehr alleinallein, sondern auf der Flucht. Aber nicht lange. Der Sportskamerad zieht vorbei, grüßt ekelhaft freundlich und rennt einfach locker weg. Natürlich könnte ich dran bleiben. Ich will aber nicht. Denn kaum hänge ich an seinen Hacken, wird er aufdrehen. Ich darf mir also aussuchen, ob ich jetzt oder gleich gedemütigt werde. Ich leide. Deklassiert ausgerechnet von diesem Wichtel, mindestens zehn Jahre älter, dafür zehn Kilo leichter. Bestimmt magersüchtig. Das Textil schlabbert um seine knochige Kehrseite. Keinen Hintern in der Hose, würde Mona sagen. Dafür leider schnell. Po oder Contra, das ist die Frage.

Leider beweist das laufende Skelett die alte Regel: Ein Kilogramm weniger macht ein knappes Prozent schneller. Bei 45 Minuten auf zehn Kilometer bedeuten runtergehungerte drei Kilo eine um zwei Minuten bessere Zeit, ganz ohne Training. Man kann sich Bestzeiten erhungern. Die ideale Strategie für die Wirtschaftskrise. Selbst Reiner Calmund hat 30 Kilo abgeworfen, als das Untier Joey Kelly ihn trainiert hat. Man sieht's zwar nicht, aber die gesamtgesellschaftliche Symbolik ist klar: Schluss mit Wohlstandswampe; wir müssen den Gürtel enger schnallen.

Walross Calli hat allerdings den Vorteil, dass er mit 150 Kilo Lebendgewicht schon im Alltag doppelt so viele Kalorien verbraucht wie ein Normalgewichtiger. Die Masse will halt bewegt werden. Muss der wulstige Leib allerdings auch nur annähernd auf Lauftempo beschleunigt werden, stoßen Physik und Ästhetik schnell an Grenzen. Freizeitsportler wie Calmund sind die wahren Helden der Laufstrecke: Jeder Schritt ein Martyrium, zeltartige Gewänder, die Gelenke krachen, auch wenn jede Nacktschnecke überholt. Dafür gibt es gehässige Blicke von den Routiniers.

Und wofür? Selbst wenn Calmund zwei Kilo im Monat schafft, braucht er zwei Jahre, um immer noch 20 Kilo Übergewicht mit sich herumzuschleppen. Keiner, der seit Jahren mit seiner Laufgruppe durch den Wald zuckelt, kann sich diese Ausdauerleistung vorstellen. Andererseits: Es ist auch über Jahre eine gewisse Ignoranz erforderlich, das Wanstwachsen nicht mitzubekommen, auch wenn der Trend zur Speckreserve im menschlichen Unterbewusstsein verankert ist: Vorräte bunkern für schlechte Zeiten.

Laufen ist ebenfalls eine Strategie für schlechte Zeiten – kostet nichts, jeder kann es, sogar Calmund. Manche Langstreckler

sehen selbst im heftigsten Wirtschaftsaufschwung aus, als wären sie auf dem Weg zur nächsten Suppenküche. Das Essen würden sie allerdings ablehnen. Könnte ja das Wettkampfgewicht ruinieren. Die Portion nimmt dann Calli.
Meine Psyche funktioniert leider völlig anders: In Krisen will ich nicht laufen, sondern jede Käserinde verschlingen, die irgendwo herrenlos herumliegt. Wer weiß, ob es nicht die letzte ist. So wächst der Druck, bald wieder raus zu müssen: Hit the road, Achim. Und dann überholt mich die nächste Gräte. Meine Tempohärte stagniert, aber die mentale Ausdauer ist sensationell.

ACHILLES' TIPP 20

Ausgerechnet

Mit ein paar Rechnungen können Sie recht einfach ermitteln, wie hoch Ihr täglicher Kalorienbedarf ist und wie lange Sie laufen müssen, um signifikant Kalorien zu verbrauchen. Sind Sie zum Beispiel eine Frau, 30 Jahre alt und arbeiten in einem Büro, benötigen Sie am Tag durchschnittlich 2300 Kilokalorien. Als Mann liegt Ihr Bedarf bei 2900 kcal. Wenn Sie einer anstrengenden körperlichen Arbeit nachgehen oder den ganzen Tag auf dem Sofa faulenzen, erhöht bzw. verringert sich Ihr täglicher Energiebedarf. Eine weitere Faustformel besagt: Je älter Sie werden, desto weniger Kalorien benötigen Sie.

Wenn Sie nun zweimal in der Woche jeweils 5 Kilometer gemütlich traben, verbrauchen Sie dabei insgesamt etwa 680 kcal (bei einem Körpergewicht von 50 Kilogramm) oder 1360 kcal (bei 100 Kilogramm). Um eine Tafel Vollmich-Nuss-Schokolade (520 kcal) abzutrainieren, müssen Sie eine Stunde laufen, für eine Bockwurst (300 kcal) etwa eine halbe und für eine Pizza Salami (858 kcal) anderthalb. Während eine Flasche Wasser null Kalorien hat, schlägt ein halber Liter Cola mit 225 kcal zu Buche, was immerhin einer halben Stunde Dauerlauf entspricht.

Mehr Rechnungen rund ums Essen und Laufen finden Sie in »Achilles' Lauf-Gourmet«.

21.
DIE ANGST LÄUFT IMMER MIT

Laufen ist eine lebensgefährliche Sache, fast so riskant wie Atmen oder Liegen. Die Angst ist deshalb bei jedem Schritt dabei. Powerrunner laufen ständig auf der Rasierklinge. Nur ein kleiner Fehler – und alles ist vorbei.

Schon nach wenigen Minuten zieht es in meiner rechten Schulter gar teuflisch, so ein stechendes, glühendes Pochen, als bohre sich ein angefeilter Walkstock unters Schlüsselbein. Zöge es links, könnte es Zeichen für einen Infarkt sein. Rechts, das reicht immerhin noch für ein Lungenödem. Oder Krebs.
Wie viele Läufer mögen allein deswegen laufen, weil sie glauben, dass sie so Tumoren oder anderen Gebrechen entwischen? Angst ist es, die den Läufer treibt. Angst vor Dicksein, Angst, von den Arbeitskollegen für faul gehalten zu werden, Angst, dass die Sportskameraden »Uschi« sagen, Angst, sich mit der Gattin daheim unterhalten zu müssen, Angst, langsamer zu sein als vergangenes Jahr, Angst, sich in Internetforen von psychotischen Verschwörungstheoretikern die Welt erklären lassen zu müssen, Angst vor Chlamydien, Fußschweiß, Fußgeruch oder Fußpilz, Angst zu sterben.
»Der leiseste Schmerz kann Indiz für eine ernsthafte Erkrankung sein«, liest Mona vor. Sie sitzt im Ohrensessel und studiert die »Bild am Sonntag«, das Fachblatt für Alltagspanik und Mode-

krankheiten. »Infarkte strahlen«, trägt Mona im Medizinerton vor. Au weia, die Zeitung lügt ja nicht. Streng genommen dürfte ich dann gar nicht mehr aufstehen. Die Schienbeine fühlen sich an, als sei in Senf getauchter Stacheldraht drum herum gewickelt. Aus den Waden strahlt es besonders gemein, fast bis in die Herzkammer. Und die Sehne, die sich vom Schritt bis zum Knie zieht, ist aufs Schmerzlichste gespannt. An guten Tagen kann man sie fiepen hören.

Vielleicht kündigen sich Infarkte auch durch Geräusche an. Wenn ich mich an das Stechen in der Schulter gewöhnt habe, fangen die Füße zu knacken an. Es können auch die Knöchel sein. Oder die Knie. Oder alle drei. Das Medicum-Terzett. Nach etwa 90 Minuten kommt ein unerklärliches Lungenrasseln dazu. Da hilft auch kein mehrfaches großvolumiges Abspeicheln in allen Farben des Regenbogens. Vielleicht bleibt wenigstens ein Walker drin kleben. Ich rassele, fiepe und knacke also vor mich hin und fühle mich wie einer dieser Musikanten, die gleichzeitig Mundharmonika und Gitarre spielen und auf dem Rücken eine Trommel tragen. Ich sollte an einer Interpretation der kenianischen Nationalhymne feilen und bei »Wetten, dass …?« auftreten.

Glaubt man Sportmedizinern, müssten nach spätestens einer Stunde Hektoliter von Endorphinen ins Blut schießen, geile Opiate, eine Art körpereigener Wasserpfeife, die Krampf durch Freude ersetzt. Habe ich leider nicht. Eigentlich passiert bei mir nichts von dem, was in Büchern steht, außer Hunger und Müdigkeit. Wahrscheinlich alles Infarktsignale.

»Hier steht, dass du einen Ermüdungsbruch kriegst«, kräht Frau Doktor Mona, »den kriegen alle, die zu viel trainieren.« Ich trainiere nicht zu viel, denke ich. »Männer über 40 sollten einmal im Jahr zur sportmedizinischen Untersuchung gehen«, sagt Ministerin Mona Schmidt. Unsinn, ich fühle mich kerngesund. Außerdem bin ich praktisch noch fast gar nicht richtig über 40. »Empfehlenswert ist Leistungsdiagnostik«, liest Mona Müller-Wohlfahrt, »mit Laktatmessung.«

Laktatmessung? Das klingt allerdings verlockend. Laktat ist ja für die Muskeln, was Kalk für die Spülmaschine ist: Gift, Bremse, der Feind in meinem Bein. Vielleicht saugen sie bei der Untersuchung auch gleich Laktat ab. »Meine Laktatwerte sind übrigens ganz ordentlich«, könnte ich bei der nächsten Runde mit Klaus-Heinrich fallen lassen, bevor ich ins Unterholz abbiege. Dann hätte er was zum Ärgern, während er auf mich wartet.
Während ich den Münster-Tatort gucke, googelt Mona nach Laktat-Orten. »Du musst in die Charité«, sagt sie schließlich, »das sind die Besten. Der Doktor dort ist Marathon in 2 Stunden 19 Minuten gelaufen.« Will ich so einen Doktor? Muss man überhaupt alles wissen? Und was ist, wenn er wirklich was findet? Chronische Trainingsfaulheit zum Beispiel? Oder Laktat voller Hefeweizen? Oder ein Lungenvolumen, das nicht reicht, die Pelle eines Wiener Würstchens aufzupusten? »Dann weißt du endlich, wie gut du wirklich bist«, sagt Mona. Genau das ist das Problem. Eine Welt aus sorgsam erdachten Mythen, aus mühsam zusammengebastelten Erklärungen gerät ins Wanken – meine Welt.

ACHILLES' TIPP 21

Tut's weh?

Laufen soll ja Spaß machen und entspannen. So weit die Theorie. In der Praxis geht es brutaler zu. Wer länger läuft, hat ein Zipperlein. Oder mehrere. Wer anfängt zu laufen, erst recht. Wer ehrlich ist, wird feststellen, dass beim Laufen immer etwas wehtut. Läufer sind Meister der Selbstbespiegelung. Sie horchen genau in ihren Körper, wenn sie nach Erklärungen für schlechte Leistungen suchen. Aber auch das Gegenteil gilt. Wer mitten im Training für den ersten Marathon steckt, der überhört jedes Warnsignal. Endorphine können ihren Teil beitragen, weil sie tatsächlich ein wenig gegen Schmerzen immunisieren.

Die Kunst besteht darin, herauszufinden, was wirklich eine Verletzung sein könnte. Jeder Schmerz, der erstmals auftritt, ist ein Warnsignal. Ziehen in den Beinen dagegen ist normal, auch Verspannungen im Schultergürtel sind nicht ungewöhnlich und verschwinden oft sogar durchs Laufen. Auch wenn Ferndiagnosen riskant sind, so kann doch gelten: Ungewohnte Schmerzen an der Achilles-Sehne, an Knie und Hüfte sowie anhaltender Druck oder Stechen im Brustkorb sollten ernst genommen werden. Alles, was nach 48 Stunden verschwunden ist und nicht wiederkehrt, war wohl nicht schlimm – oder leider tödlich.

22.
DIE RENNGRÄTE UND DER SUPPENKASPER

Anfänger können Laktat nicht von Spagat unterscheiden, Kenner wissen es schon längst: Gute Werte sind viel wert. Kliniken bieten inzwischen Feintuning an. Der moderne Läufer eilt zur Generalüberholung. Das Show-Laufen auf dem Band gehört dazu.

Heute ist der Tag der Wahrheit. Showdown. Keine Ausreden. Leistungsdiagnostik mit Laktatmessung. Mann oder Maus. Ich habe Angst vor der Wahrheit. Deswegen bin ich entgegen meines gewohnten blutdruckbedingten Tiefschlafs, der sonst bis zum frühen Mittag reichen kann, heute schon um halb sechs aufgewacht. Mona sägt süß vor sich hin. Manchmal stößt sie kleine Grunzer aus, so als freue sie sich insgeheim über mein Schicksal. Sie will, dass ich Werte habe wie Al Bundy. Damit sie sagen kann: »So fit werde ich mit Xco auch.«
Ich werde den Test absagen. Irgendwas im hinteren oberen Knie ist nicht okay: ein Aduktorenanriss vielleicht. Außerdem spüre ich einen Druck auf dem Brustkorb. Man solle auf gar keinen Fall zum Test kommen, wenn man sich nicht fit fühle, hatten sie in der Charité gesagt. Ich fühle mich nicht fit. Aber Mona will, dass ich mich checken lasse; die Pumpe. Schon gut, schon gut: Ich geh ja schon.
Unter »Charité« stellt man sich ein ehrwürdiges backsteinernes

Gebäude vor, mit Efeu draußen und modernster Technik drinnen. Hier ist es nicht mal umgekehrt. Die Sportmedizin liegt in einer Brachialplatte in Lankwitz – könnte auch als Außenbezirk von Bukarest durchgehen. Zur Sportmedizin kurvt man durch Heerscharen siecher Zeitgenossen. Manche sitzen ohne Beine im Rollstuhl am Eingang und rauchen tapfer weiter, als wollten sie auch noch die Arme verlieren. Andere tragen Mundschutz, einfach so. Ich muss husten. Geht schon los. Wie soll man sich hier fit fühlen?

Im vierten Stock residiert Fernando Dimeo. Er war 1993 Deutscher Ärztemeister im Marathon. Der Doktor ist aus Argentinien und hat in etwa das Stockmaß von Diego Maradona, vom Umfang her allerdings höchstens ein Viertel. Ein Mann wie ein Vorwurf: Er wiegt höchstens 50 Kilogramm, die perfekte Renngräte. Ich bin etwa zwei Dimeos, aber nur halb so schnell. Das Läuferleben ist ungerecht.

Die Umkleidekabine ist so groß wie ein Dixi-Klo, dafür steht eine Wanne zum Leichensezieren im Patientenbad. Der Doktor trägt supercoole Adidas-Treter, Rapper-Ware, die sie ihm in Neukölln in 20 Sekunden vom Fuß gezogen hätten. Dimeo sagt poetische Sätze, wie sie Guru Greif nie schreiben könnte: »Training für Marathone isse ganze einfach: viele lange Läufe auffe dere Straße unde nichte so snelle. Marathone iste wie die Ssuppe. Besteht ssu über 90 Prozente aus Wassser. Lange Läufe sinde das Wassser in der Ssuppe. Der Reste iste nichte so wichtig, nure Wasser. Zu wenige Wassser, dann bekommen wir Gulasche oder Eintopfe.«

Ich soll mich obenrum freimachen. »Nichte dene Bauche einziehen«, befiehlt der Doktor. Welchen Bauch denn? Ich habe schon vier Kilogramm abgenommen. »Ihre Rückenmuskeln sinde verkürzte«, diagnostiziert Dimeo, »unde die Bauchemuskeln zu schwache.« Na danke. Werfe ich dem Weißkittel 110 Euro in den Rachen, damit er mich mentalmäßig fertig macht? »Isse nichte so schlimme«, sagt er, »da haben wir eine Gymnastikprogramme.« Der Doktor kennt meine verborgensten Dehnsüchte.

Endlich aufs Laufband. Wie früher bei Rudi Carrell. Ich bin das Fragezeichen. Was mag von mir übrig bleiben? Die aparte Assistentin nestelt gekonnt an meinem Ohr herum. Sie will Blut, mit möglichst viel Laktat. Dann zurrt sie mir eine Gummimaske über den Kopf. Legt mir einen Brustgurt an. Fesselt mich mit einem Bauchriemen. Hilfe! Fehlt nur noch, dass sie mir eine Dieter-Baumann-Maske überstreift. Und ein Kenia-Trikot aus schwarzem Latex. Und dann fallen sie über mich her.
»Die ersten drei Minuten acht Stundenkilometer«, sagt die sachliche Assistentin, »ist das okay?« Natürlich ist das okay, Kleines. Ich bin doch kein gottverdammter Walker. Ich laufe rhythmisch, mein Atem geht ruhig, jede Zahl auf dem Computer signalisiert Kraft, Anmut und Ausdauer. Kurze Pause, das Laktat-Luder piekt ins Ohr, dann zehn Stundenkilometer. Ich federe. Pause. Pieken. 12 Stundenkilometer. Es geht gut los. Aber nach einer Weile wird es unangenehm. Ich schiele auf den Rechner. Erst 48 Sekunden. Die Maske kneift. Es riecht nach Autoreifen. Die Sekunden wollen nicht verschwinden. Aber der Streetfighter Achilles beißt sich durch.
Der Schweiß läuft, die Assistentin piekt und beschleunigt das Band auf 14 Stundenkilometer. Sie sieht aus, als ob sie das gern macht. Das wäre Monas Traumjob: ich auf dem Band und sie dreht immer schneller. Ich wetze wie ein Hase. Luft. Die Laktat-Produktion hat sich auf den ganzen Körper ausgedehnt. Ich überlege, wie man jetzt überzeugend einen Muskelfaserriss vortäuschen könnte? Eher mit einem lauten »Aahhh« oder besser durch ein kurzes gedrungenes »Ümpf«? Noch 20 Sekunden. Geschafft. Lunge, komm bald wieder.
In Sekundenschnelle gepiekt. Was früher eine Pause war, ist jetzt ein Hauch. Ich hechele. 16 Stundenkilometer. Das Band rumpelt. Genau mein Infarkttempo. Es läuft los und reißt mich mit. Los, Achilles, keine Schwäche, zieeehhh! Ich sauge die Gummimaske komplett leer, aber es kommt keine Luft mehr rein. Atemnot. Ich muss sterben. Ich reiße mir das verdammte Stinkeding vom

Kopf. Wortlos beobachtet die Assistentin einen gescheiterten Mann und piekt ihm ungerührt ins Ohr. Ich suche die sanitären Anlagen auf. War ich gut? Na ja. Schlecht war ich nicht.
Das bestätigt auch die Diagnose vom Doc Dimeo. Er hat mir sehr viele spannende Dinge über mich verraten, manche waren nicht mal peinlich. Aber sie werden mein Geheimnis bleiben. Der Tag der Wahrheit kommt.

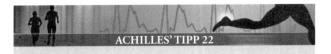

ACHILLES' TIPP 22

Laktatsachen

Bedenkt man, was der Läufer im Jahr so alles ausgibt, um sich sein Hobby nett zu machen, dann fallen etwa 100 Euro für einen leistungsdiagnostischen Test nicht wirklich ins Gewicht. Die Kurve, die der Arzt anfertigt, bringen dem Läufer allemal mehr als das siebte Paar Hochtechnologie-Schlappen. Denn der Test auf dem Laufband hat für Anfänger wie für Fortgeschrittene einen entscheidenden Vorteil: Er ist unbestechlich. Deswegen müssen Profis regelmäßig zum Show-Laufen. Hier wird die Form überprüft, ohne Ausreden, schonungslos ehrlich. Was man vom Hobby-Läufer nicht unbedingt sagen kann. Fast jeder hat sich über die Jahre ja ein komplexes Gewirr von Mythen zurechtgelegt, warum er eigentlich viel schneller und länger laufen könnte. Wer die mentale Kraft aufbringt, sich die Wahrheit anzuhören, erfährt zum Beispiel Wissenswertes über seine Sauerstoffaufnahmekapazität und mögliche Bestleistungen. Ein Fachgespräch mit dem Sportmediziner kann das eigene Training deutlich effektiver gestalten. Am wichtigsten aber, für Herrschaften um die 50, die sich und der Welt unbedingt noch etwas beweisen wollen: Ein Test kann Hinweise auf verborgene Herz-Kreislauf-Probleme liefern. Und einen elenden Infarkt mitten im Wald verhindern helfen.

23.
DIE FLASCHEN MIT DEN FLASCHEN

Achtung Dehydrierung. Gefahr, Alarm. Trinken, Trinken, Trinken. Manche übertreiben die Flüssigkeitszufuhr. Eine Wasserstandsmeldung.

Mein Vater hat immer gesagt, dass zu viel Flüssigkeit ungesund ist. »Trink nicht immer, dann schwitzt du auch nicht«, lautete eine seiner ewigen Weisheiten. Trinken war ein Zeichen von Schwäche. Und Urin nur dann gut, wenn er richtig goldgelb schimmerte. Meine Mutter stellte jedes Jahr bei der Urlaubsfahrt gen Italien einsame Rekorde in punkto Harnverhalten auf. Sie traute sich nicht zu sagen, dass sie gern auf dem nächsten Parkplatz halten würde, um nur mal eben ganz schnell, ganz kurz auszutreten. Sie fürchtete das gestöhnte »Schon wieder!« des pilotierenden Familienoberhauptes, der einer festen Marschtabelle folgte, über Jahre hinweg auf Staufreiheit hin optimiert. Der Urlaub galt nur dann als wirklich gelungen, wenn wir exakt in dem von ihm ausgerechneten Idealslot zwischen 18.30 und 19 Uhr den Brenner passierten.

Mona ist eine moderne Frau. Wenn wir nach Italien fahren, hat sie drei Flaschen Evian im Fußraum. Vorwärtsverteidigung für den Bikinikrieg am Strand. Claudia Schiffer und Naomi Campbell versichern jeder Frauenzeitschrift, dass das einzige Geheimnis ihrer Schönheit darin bestehe, mindestens drei Liter Wasser zu trinken, am Tag. Völlig automatisch hebt Mona jede Minute einmal eine Flasche, schraubt den Deckel ab, nippt, verschraubt, stellt ab, hebt an, schraubt auf, nippt, schraubt zu. Ritualverhalten – wie die zerzauste Löwin, die lange Jahre in einem engen Zoogehege zugebracht hat.

Mona lässt keinen Parkplatz aus. Deswegen brauchen wir heute auch genauso lange nach Italien wie vor 35 Jahren. Kennzeichen unserer Zivilisation ist nicht Tempo und Technik, sondern Flüssigkeitsumsatz. »Dehydrieren ist lebensgefährlich«, warnt Mona. Kommt auf der Liste der postmodernen Lebensrisiken gleich nach Gefrierbrand und VPL (die Abkürzung steht für »Visible Panty Line«; jenen sichtbaren Eindruck, den schlecht geschnittene Unterwäsche in mäßig trainiertem Bindegewebe erzeugt). Also trägt jede Frau heute in Handtasche, Rucksack oder gleich in der Hand eine Flasche Wasser spazieren, wegen der Schönheit. Im Ernst: Drei Liter trinken, das geht nur mit Bier. Dann kann ich aber nicht mehr laufen.

Gefährde ich Menschenleben, weil ich finde, dass man nicht nur Autofahren, sondern sogar einen 90-Minuten-Lauf bei mitteleuropäischem Klima ohne Flüssigkeitszufuhr bewältigen kann? »Du musst was trinken«, ermahnt mich Mona. Früher haben wir ganze Nachmittage im Hochsommer völlig ausgetrocknet gekickt und hingen bestenfalls mal am Wasserhahn vom Gewächshaus, bis uns der Gärtner weggejagt hat. Offenbar habe ich jahrelang mit meinem Leben gespielt.

Ich sage zu Mona, sie soll mal einem Massai erklären, der jeden Tag zwei Stunden bei mörderischen Temperaturen zu einem verschlammten Wasserloch marschiert und mit einem vollen Krug auf dem Kopf zwei Stunden zurück, warum er des Todes ist, wenn er nicht drei Liter französischen Alpenquellwassers konsumiert oder bunte Iso-Brause für drei Euro den Liter. Er würde lächeln, federnd davonlaufen und dabei noch besser aussehen als Naomi. »Das ist was anderes«, sagt Mona.

Kein Hausfrauenproblem ist gaga genug, als dass es Läufer nicht

sofort zu einem der ihren machen würden. Nun also Wasserwahn. Der Freizeitsportler übersteht nicht mal die Autofahrt zum Walker-Treff ohne Vogesenfelsquellgletschertrank. Und hinterher erst: Da reißen sie die Kofferräume auf und pressen hochkohlehydratreiche Klebe in den trainingswunden Magen, weil der Körper ja genau in diesem Moment ganz besonders viel Glykogen speichert. Wo aber soll er es speichern, wenn man den Vorräten nicht mal die Chance gegeben hat, sich zu verflüchtigen? Respekt für alle, die danach nicht den Wald voll reihern.
Trinken beim Laufen ist schon ästhetisch ein Problem. Mindestens die Hälfte geht daneben. Und wenn Calcium, Magnesium oder sonstwelche gelösten Gesteinsarten im Getränk schwappen, sieht die Läuferbrust aus wie ein Schlabberlatz. Der Rest klebt auf den Beinen. An den paar Tropfen, die im Mund landen, verschluckt man sich obendrein. Und spuckt das Doppelte der aufgenommenen Flüssigkeit aus.
Mitgeführte Trinkbehälter sind wie Walking-Stöcke. Sie dienen nicht dem Sport, sondern als Signal: Achtung, hier wird sich total professionell angestrengt. Anfänger legen den Hüftgurt an, der die Dreiviertelliter-Flasche über dem Steiß wippen lässt und nach spätestens einer Viertelstunde tief ins Bauchfleisch schneidet. Aber länger bewegen sich die meisten Gehalfterten eh nicht. Freaks tragen den Trinkrucksack Camelpak. Echte Mädchen benutzen Nuckelflaschengürtel. Django trug noch gekreuzte Patronengurte, der Dehydrierungsphobiker dagegen hängt sich zehn Fläschchen in transparentem Kunststoff um.
Da tanzen dann gelbe, grüne, rote und blaue Zaubertränke auf der Speckschürze, damit die Sportsfreunde auch sehen, dass man eine halbe Stunde in der Küche stand, um Kick-Starter mit Aminokonzentrat, Carbo-Power mit Guarana und Power-Boost mit Putenaroma anzurühren. In Wirklichkeit sind Flaschenläufer einfach nur Uschis. Und das gilt so lange, bis der erste Marathon-Sieger mit Buddelgürtel durchs Ziel läuft.

ACHILLES' TIPP 23

Wasserwahn

Achtung, folgende Zeilen sind bösartig, gemein und medizinisch zweifelhaft. Aber sie stimmen trotzdem. Die Sauferei ist meistens überflüssig. Nehmen wir einen Fast-100-Kilogramm-Klops wie Achim Achilles, der zur unangenehmen Spezies der Power-Schwitzer gehört. Schon das Aussteigen aus einem klimatisierten Auto lässt ihn das erste Hemd durchweichen. Wenn er pro Stunde tatsächlich zwei Liter Schweiß verliert, wären das bei einem 90-Minuten-Lauf etwa drei Prozent seines Köpergewichts. In diesem Moment fängt es langsam an, die Leistung zu beeinträchtigen; die Gesundheit allerdings nicht. Mit ein paar Schlucken Wasser sollten die größten Verluste auch wieder ausgeglichen sein, bei Normal- oder Wenigschwitzern allemal.

Die Unsitte, auf jeden 20-Minuten-Auslauf einen Hektoliter Isotonisches mitzunehmen, greift dennoch unaufhaltsam um sich. Die Getränke-Industrie hat es geschafft, Menschen, die sonst keine Probleme haben, die Panik vor dem Flüssigkeitsverlust einzubimsen.

Dazu sollte man Folgendes wissen: Am wichtigsten ist der reine Flüssigkeitsausgleich. Mineralstoffe,

ACHILLES' TIPP 23

wie etwa Magnesium, nimmt der Körper während des Laufens gar nicht mehr auf. Wenn es tatsächlich an etwas mangelt, dann ist es meistens Salz. Aber wer mag das unterwegs schon. Nachher gleicht ein Brett Fritten den Salzmangel locker wieder aus. Drittens sind die ersten Fälle von Flüssigkeitsübersättigung aufgetreten, die mindestens so gefährlich sind wie Dehydrierung. Merke: Ein ordentlicher Durst am Ende des Trainings ist das beste Argument für ein ehrliches Bier.

24.
MENTALIBAN GEGEN DAS MOPPEL-ICH

Sie tragen die teuersten Klamotten, aber watscheln bei jedem Rennen hinterher: Sonntagsläufer. Doch Laufen ist nichts für Schönwetter-Trampel, Laufen ist Krieg. Wer nicht durchhält, endet wie Joschka Fischer. Früher rank und schlank, heute nicht mal mehr Außenminister.

Wäre der Außenminister am Sonntag in seinem Büro, weil er noch ein paar aufmüpfige Diplomaten zusammenfalten oder die letzte Hand voll Loyaler loben musste, dann würde ihn ein Schreck durchfahren. Durch seine Bürogardine sind über 10 000 strammwadige Gestalten zu sehen, die sich direkt vor seinem Auswärtigen Amt für den Halbmarathon warm traben, an ihren Beinen herumkneten, kilometerweise Verbände, Tapes und Pflaster verarbeiten, heimlich zur Schmerzlinderung zwei Diclofenac einwerfen und rasch noch mal an die benachbarte Mauer strullen. Der Dunst aus Angstschweiß, Massageöl und elektrolytüberladenem Läufer-Urin steigt garantiert bis ins Büro des Ministers.
Armer Fettmops Fischer. Vor ein paar Jahren war er selbst noch einer von ihnen, zäh im Training, rank um die Hüfte, respektiert für seine Ausdauer. Und jetzt? Allein am teuren Herd im Grunewald, über frühere Heldentaten sinnierend: Früher ein Kerl, dann doch zurück zum willensschwachen Moppel-Ich. Nur ein übergroßes Ego kann die Depression verhindern.

Wer einmal anfängt zu laufen, darf nie wieder aufhören. Sonst trifft einen der Spott der ganzen Welt. »Naaa«, fragt Mona lauernd, wenn ich mal zwei Tage nicht im Unterholz war, »wo bleibt denn unser Trainingseifer?« Spätestens drei Stunden später trabe ich los, und wenn's nur einmal um den Block ist. Schwach sind die anderen.

Laufen ist Psycho-Krieg, zwischen dem Läufer und seinen Mitmenschen. Und da siegt nur der Mentaliban. Seine Frühjahrsoffensive ist der Berliner Halbmarathon. Schonungslos kommt die Wahrheit ans Licht. Wer hat sich im Winter tatsächlich durch eiseskalte Nächte geschleppt? Und welcher Sonntagsläufer hat das Blütenweiß seiner Schuhe über den Winter gerettet und trabt erst seit zwei Wochen wieder? Berlin Anfang April ist die Generalprobe: Wer die versemmelt, kann die volle Distanz in Hamburg gleich vergessen.

Genau deswegen macht mir der Halbmarathon Angst. Ich bin in den letzten Monaten nie so richtig nach Uhr gelaufen, sondern lieber gefühltes Tempo. Ich habe nicht die geringste Ahnung, wie schnell ich sein könnte. Außerdem quält mich die linke Hüfte seit Wochen. Wahrscheinlich brauche ich neue Schuhe. Aber Mona bringt mich um, wenn ich schon wieder mit neuen Tretern ankomme. Ich fürchte die Zeitnahme. Ich will nicht verglichen werden. Schon gar nicht mit diesen Laufzombies, die seit Tagen die Stadt bevölkern. Die ganz Exhibitionistischen tragen selbst beim Shopping noch ihren gelben Chip am Schuh. Könnte ja irgendwo in der Stadt eine Zeitmess-Matte herumliegen.

Zum Start reihe ich mich optimistisch am Ende von Block B ein. Es geht bis E, aber da hinten watscheln nur die Stock-Enten. Es ist schwer, beim Rennen die richtige Gruppe zu erwischen. Zu weit vorn ist man von keuchenden Ehrgeizlingen umzingelt, zu weit hinten dominiert der japsende Trampel.

»Kümmere dich nicht um die anderen«, hatte Mona gesagt: »Das ist dein Rennen, Achim, nur deines.« Mona hatte, wie immer, Recht. Ich setze den Tunnelblick auf. Nein, ich rege mich nicht über die verdammten Rentnerinnen auf, die sich am Start immer viel zu weit nach vorn mogeln und die ersten fünf Kilometer zum Granufink-Slalom machen. Ja, ich konzentriere mich allein auf mich. Fünf Minuten pro Kilometer, das ist der Plan. Startschuss. Sofort konstanter Schritt. Clockwork Achim. Ich schwebe. Die Straße ist mein Tempel. Jeder Kilometer wird mit 4:55 Minuten abgespult. Die kleine Blonde und die lange Rothaarige vor mir haben die gleiche Marschtabelle. Bei jedem Kilometer guckt die Blonde auf ihre Uhr und sagt: »Exakt.« Die Rote nickt. »Running Gag« steht auf ihren Hemden. Frauen mit Tempomat – endlich hat die Evolution mal nachgedacht.

Meine beiden Hasen laufen perfekt. Die Samba-Heinis trommeln für mich. Die Menschen jubeln allein mir zu. Die Sonne scheint nur meinetwegen. Bei Kilometer acht trotten am Straßenrand die Ersten, mit hängenden Köpfen. Ich liebe euch, ihr Sportangler. Jeder Spaziergänger ist Mental-Doping für mich. Schön, dass eure Beine muskulöser sind und eure Klamotten teurer. Trotzdem seid ihr nur Walker.

Mona und Karl warten vorm KaDeWe. Zum Glück versteht meine Familie etwas von Benimm. Sie klatschen ein bisschen und rufen: »Super, Achim.« Das reicht auch. Wie peinlich ist dagegen das Provinz-Publikum mit seinen türgroßen Pappschildern: »Mama Gertrud, Kevin und Samantha grüßen Papa Kalle aus Detmold. Du bist der Größte.« Kaum erschüttert das Stampfen eines untersetzten Brontosaurus mit Trinkgürtel den Asphalt, quietscht Gertrud: »Ja, Kalle! Los, Kalle! Schneller, Kalle!« Wahrscheinlich läuft Kalle nur, um seine Gattin noch einmal so zu hören.

Nach 21 Kilometern federe ich elegant durchs Ziel. Auf den letzten Kilometern habe ich noch etwas aufgedreht, mit dem Tempo gespielt, die Häschen mal eben stehen lassen. Meine Beine fühlen sich gut an. Die Medaille macht sich gut auf meiner Heldenbrust. Ich steige über ausgepumpte Leiber und überhöre das erbärmliche Würgen der Gestalt, die sich in den Zaun krallt. Es ist ein Tag des Triumphes. Für den Marathon sehe ich nur noch ein klitzekleines Problem: Er ist doppelt so lang.

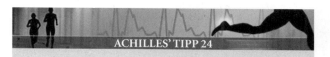

ACHILLES' TIPP 24

Teststrecke Halbmarathon

21 Kilometer. Das klingt viel, ist aber für ambitionierte Anfänger wie für Fortgeschrittene ein realistisches Ziel. Wer dreimal die Woche eine gute Stunde laufen kann, der schafft mit etwas systematischer Vorbereitung auch den Halbmarathon. Drei Monate lang einmal die Woche 90 bis 100 Minuten, einmal 60 Minuten etwas zügiger und einmal 70 Minuten entspannt, das sollte funktionieren.

Das Schöne am Halbmarathon für Anfänger: Er ist in ungefähr zwei Stunden vorbei. Der Körper kommt mit seinen Vorräten aus, sämtliche Horrorszenarien vom Einbruch gibt es hier nicht. Für den Fortgeschrittenen ist die Halbdistanz wiederum prächtig als Formüberprüfung. Hier kann man mit dem Tempo spielen, ohne Angst vor der großen Schlappe haben zu müssen. Die 21-Kilometer-Strecke ist vielleicht die angenehmste unter den längeren Distanzen. Zu lang, um ohne Training durchzukommen, aber zu kurz für langes Leiden. Es gilt die alte Regel: Marathon würde viel mehr Spaß machen, wenn's nur die halbe Strecke wäre.

25.
POWER DANK PILLEN

Wer als Läufer mithalten will, muss über pharmazeutische Kenntnisse verfügen. Sonst droht schnell der Amino-Enzym-GAU. Viel hilft viel, sagt der Volksmund. Also Augen zu und schlucken.

Gestern war ein Glückstag. Am Eingang bei Aldi lugten gleich neben dem WC-Schaumreiniger der Geschmacksrichtung »Tropic« Pillen vom Grabbeltisch: L-Carnitin & Vitamin E, zum halben Preis. Nuggets! Der typische Aldi-Kunde verschmähte diese wunderbaren Kapseln offenbar, er verdrückt beim Walking lieber fettige Muffins mit Negerküssen drauf.

L-Carnitin ist wie Koks für den ambitionierten Läufer. Noch an der Kasse habe ich eine Hand voll verputzt. Das Zeug kurbelt den Fettstoffwechsel an, natürlich nur, wenn man dazu reichlich Niacin und Biotin wirft. Da kann man dem Hüftgold beim Schmurgeln zuhören. Man muss das Zeug nur lange genug nehmen. Irgendwann ist es bestimmt auch bei mir so weit.

Den Radrennfahrer Rudi Altig nannten sie die »rollende Apotheke«, weil zwischen 40 zweifelhaften Substanzen in seinen Adern kaum noch Platz für Blut gewesen sein soll. Rudi, alter Waisenknabe, das war harmlos! Wenn sich Läufer heute das Knie aufschlagen, müssen die Blutstropfen auf der Sondermülldeponie entsorgt werden. Denn neben Carnitin schwappen Kreatin (Muckis) und Guarana

(Speed) sowie Eisen (rote Blutkörperchen) in einer Lake aus Calcium (Knochen) und Magnesium (Krämpfe), gewürzt mit Zink (Abwehr) sowie den Vitaminen A bis Z. Erst der Schuss Selen (Bindegewebe) aber rundet ein Bouquet ab, das allerdings ohne eine Spur Acetylcholin (Gefäßerweiterung, leider auch Darmtätigkeit) und einem Ideechen Glukosaminsulfat (Knorpel) nicht rund wäre.

Modedroge des Frühjahrs ist die Aminosäure. Ohne Alanin (Glukoseaufbau), Isoleucin (noch mehr Muckis), Tryptophan (Wachstum) und Valin (gutes Wetter) gehe ich gar nicht aus dem Haus. Damit das gute Gewissen nicht zu kurz kommt, pfeife ich noch ein paar Naturprodukte ein: Apfelessigkapseln (Glykogenspeicher), Grünlippmuschelextrakt (Gelenke) und Weizenkeimessenz (weiß ich nicht mehr). Davon merke ich zwar genauso wenig wie von dem anderen Zeug. Aber wenn ich den Öko-Krempel zur Pharmazie dazu kaufe, dann habe ich Plus auf meinem Gutmenschenkonto und kann mir das Mülltrennen sparen.

Pulver und Pillen sind für den trainierenden Mann, was für Frauen die Kosmetik ist: Weil es teuer ist, spürt man sofort deutliche Verbesserungen. Mein Dealer ist ein 150-Kilo-Ungetüm im Pitbull-Sweatshirt mit abgeschnittenen Ärmeln. Oberarme wie Ottfried Fischers Oberschenkel, nur härter. Er gibt Kraftpulver in Farbeimergrößen ab. Allein der Einkauf hier gibt mir Stärke. Zum Glück nimmt er Kreditkarten.

Neulich habe ich versucht, den Hersteller des Kreatins zu googeln. »Site wird überarbeitet« – klingt ja superseriös. Da keimt der Verdacht, die kaufen einen Doppelzentner Kalk im Baumarkt, füllen das Pulver um, schreiben »Amino-Carbo-Power« und »79,99 Euro« drauf.

Guru Greif ist auch so einer: Der tut, als wäre er Trainer, dabei betreibt er eine Internet-Apotheke. Jede zweite Woche preist er einen Hinterhof-Forscher an, der bei Versuchen mit drei altersschwachen Hamstern einen Wunderstoff entdeckt hat. Und den gibt es rein zufällig vier Wochen vorm Marathon, wenn alle Panik schieben, zum Sonderpreis.

Am schlauesten stellt es die Firma Loges an. Die mischen etwas Vitamin E mit Magnesium, Kieselerde und dem Hausfrauen-Extasy Johanniskraut, nennen es »Anabol Loges« und schreiben einen Mondpreis drauf. Großartige Idee. Kaum hört der Ausdauer-Freak »anabol«, bestellt er reflexartig, weil da ja ein winzigkleinesbisschen Illegales drin sein könnte. Ich sollte Früchtetee unter dem Namen »THCokespeedorade« auf Karls Schulhof verkaufen – das liefe bombig.

Läufer sind wie Techno-Teenies, die probieren jede Droge. Wenn morgen irgendwo steht, dass Gurgeln mit Klärschlamm gut fürs Tempo ist, lägen tags darauf Deutschlands Klärbecken trocken. Millionen Läufer hätten sie leer gesoffen. Und ich hätte jeden niedergeschlagen, der sich mir dabei in den Weg gestellt hätte.

Zwei Probleme haben die ganzen Wundermittel allerdings. Erstens: Wie versteckt man all die Dosen, Flaschen und Pillenpackungen vor Mona? In vier Paar Laufschuhen bekommt man nicht viel untergebracht. Und wirklich appetitfördernd sind die speckigen Aromasafes auch nicht. Im Auto unterm Reserverrad war viel Platz, aber nur, bis das Aldi-Carnitin kam.

Problem Nummer zwei ist gravierender: die Wechselwirkungen. Kalzium und Magnesium sollen sich aufheben, die Vitamine E und C bei zeitgleicher Einnahme sofort letal wirken. Eisen stopft, Aminosäuren und auch Magnesium führen dagegen zu unkontrollierter Darmentleerung. Kreatin lagert Wasser ein, und Zink macht schlapp.

Eines habe ich in Selbstversuchsreihen immerhin herausgefunden: zwei, drei Eisenpillen, und die Schotten sind 48 Stunden zuverlässig dicht. Da kommt nicht mal Magnesium durch. Dazu passt Vitamin E. Am nächsten Tag gibt's dafür Kalzium mit Vitamin-C-Beilage. Am virtuosen Einsatz der restlichen zwei Dutzend Substanzen feile ich noch.

Neulich fragt mich mein Lauffreund Klaus Heinrich, ob bei mir denn molybdänmäßig alles im grünen Bereich sei. Berechtigte

Frage: Spontan spürte ich Mangelschmerz. Wie konnte mir das passieren, wo Molybdän doch sogar in der Stahlindustrie verwendet wird und im Raketenbau? Das sollte jeder Läufer im System haben. Und Mona wird auch keinen Verdacht schöpfen. Ich pack das Zeug einfach in meinen Werkzeugkasten.

ACHILLES' TIPP 25

Pillen-Power

Mit Pillen und Pulvern ist es wie mit Onanie. Keiner redet drüber, aber fast alle probieren herum. Der Glaube des Läufers an die Allmacht der Pharmazie ist von naiver Ergebenheit. Südamerikanische Kraftwurzeln, kanarisches Vulkanmehl, afrikanische Kakteen, dazu Aminosäuren, Kreatin, Carnitin, Kalzium, Kalium, Magnesium und alle Vitamine.

Was wirklich hilft? Keine Ahnung. Wer jeden Tag eine Hand voll Pillen einwirft, wird das meiste davon im besten Fall via Kanalisation einigermaßen problemlos entsorgen. Im schlechteren Fall werden ihn Magengrimmen und Durchfall in die Knie zwingen. Eine Magnesium-Brausetablette kann dem nicht schaden, der zu Krämpfen neigt, etwas Vitamin C im Winter ist ebenfalls nicht verkehrt.

Eine Blutanalyse beim Hausarzt kann Hinweise auf Mangelzustände liefern. Frauen zum Beispiel sind mit einer Eisenpille gut bedient. Ansonsten: viel Glaube, viel Ritual und Mythos und gewaltige Gewinnmargen für die Verkäufer. Wer wirklich alles glaubt und alles nimmt, läuft mit hoher Wahrscheinlichkeit nicht schneller, sondern wird eher unter den wenig erforschten Wechselwir-

ACHILLES' TIPP 25

kungen der Mittel leiden, die Nahrungsergänzung heißen, aber oftmals nah am Medikament sind. *Eine vernünftige Ernährung mit Vollwertprodukten, viel Obst und Gemüse liefert womöglich mehr an Mineralstoffen und Spurenelementen als die Kombination Burger plus Pille. Einen Überblick liefert das Buch »Die Lauf-Diät« von Herbert Steffny und Dr. Wolfgang Feil sowie Achilles' »Lauf-Gourmet«, auch wenn nach Lektüre die Verwirrung größer ist als vorher.*

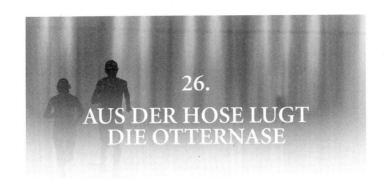

26.
AUS DER HOSE LUGT DIE OTTERNASE

Gewiss, Laufen ist gut für den Körper und die Seele. Aber Achim hat festgestellt, dass sich die Eintönigkeit dieser Bewegung auch nachteilig auf die Sinne auswirken kann. Sogar ganze Körperteile ziehen sich nach einer gewissen Zeit ins Exil zurück.

Letztendlich dreht sich bei unserem schönen Laufsport ja alles ums Blut. Viel muss es sein, dünnflüssig auch und reichlich gute Sachen müssen drin schwimmen. Aminosäuren zum Beispiel und genug Eisen. Das Blut ist allerdings auch ein scheues Reh. Es neigt dazu, sich bei längerer Aktivität in irgendwelche geheimnisvollen Ecken des Körpers zurückzuziehen.

Aus dem Kopf verschwindet es zum Beispiel ziemlich schnell. Deswegen gucken Läufer nach einer Stunde durchweg grenzdebil. Manche grinsen dümmlich, andere schmatzen wie Herbert Wehner oder machen komische Geräusche. Klaus Heinrich sagt, ihm fallen dann immer Lateinaufgaben von früher ein: die e-Konjugation, wenn es die überhaupt gibt, und unregelmäßige Verben: War »texi« nun das Perfekt von »tegere«?

Jaja, okay, Läufer spinnen. Schon klar. Ich auch. Bei längeren Strecken fange ich an zu singen. Das heißt, nicht ich, sondern irgendwas in mir. Es singt mich einfach, ohne dass ich darauf Einfluss hätte, zum Glück lautlos, gedachter Gesang eben. Meistens geht es los mit »Running on empty«, von Jackson Browne.

Leider ist »Es« nicht textsicher. Ich auch nicht. Deswegen belassen wir es beim Refrain: Running on empty, running on, running blind, running on, running into the sun, but I'm running behind. Unglaublich, wie oft man so einen blöden Refrain vor sich hin singen kann.

Wenn dann auch der letzte Tropfen Blut aus dem Hirn gewichen ist, donnert »Carmina Burana« los, immer nur die Stelle aus »O Fortuna«, wenn das Auftaktgeschrei des Chors verklungen ist und das Gewisper anfängt, das dann immer lauter wird, diese Endlosschleife der 15 Takte: Nöffnöff – nöffnöff – – – nöffnöff – nöffnöff – – – nöffnöffnööffnöööffnööffnöffnöff und so weiter. Geiler Takt zum Laufen, könnte Stunden so gehen. Carl Orff war Jogger, jede Wette.

Irgendwann fängt es dann in den Händen an zu kribbeln. Ich mache ein paarmal eine Faust, dann ist das Gefühl ganz raus aus den Vorderläufen. Fühlt sich an wie Reinhold Messner am Nanga Parbat. Bange Blicke. Wird schon was schwarz? Hing der kleine Finger immer so lasch da rum?

Kleiner Finger, das ist eine gute Überleitung. Das Blut hat sich also praktisch komplett aus dem Oberkörper verabschiedet, bis auf die eine dicke Pipeline von der Lunge übers Herz in die Beine. Interessant daran ist, dass diese Pipeline auf ihrem Weg nach unten das kleinste Körperteil nicht erreicht. Es wäre ja ein Leichtes, ungefähr dort, wo die Beine oben miteinander befestigt sind, ein paar Milliliter abzuzweigen, um vitale Funktionen, sagen wir mal, die Fortpflanzungsorgane, noch ein bisschen mit zu versorgen. Die Natur will sich doch sonst auch immer vermehren, Arterhaltung und so. Aber nicht bei mir. Oder generell bei Läufern nicht. Die sollen sich besser nicht vermehren, hat die Natur offenbar entschieden.

Womit wir mal wieder bei einem Tabuthema wären. Warum zum Teufel guckt dort, wo beim Start vor einer Stunde noch ein mittelprächtiges westeuropäisches Gemächt an den Hüftknochen klatschte, warum lugt dort nach einer Stunde Laufen nur noch

eine Otternase hervor, eine elende Schrumpfgurke, kaum mehr als männlicher Stolz zu erkennen? Will man sich irgendwo diskret an einen Baum stellen, hat man ein Problem, das Ding überhaupt zu fassen zu kriegen. Balletttänzer sollen sich einst eine Hasenpfote in ihre engen Hosen gestopft haben. Bei Läufern ist Platz für ganze Hasen.
Wenn ich nach Hause komme, drücke ich mich immer ganz schnell an Mona vorbei. Zum Glück hat sie wenig Lust, einen Mann anzufassen, der mehrere Ringablagerungen Salzkristalle auf seinem Heldenleib trägt und riecht wie ein Mufflon. »Geh duschen!«, befiehlt sie. Nichts lieber als das, Schatz. Das warme Wasser erweckt den kleinen Achim langsam, sehr langsam, wieder zum Leben. Ob das gesund ist, diese dauernde Schrumpfkur? Wenn wir früher Schielwettbewerbe ausgetragen haben, hat meine Mutter immer gesagt, wir sollen aufhören, sonst bleiben die Augen so stehen. Was wäre, wenn … also, äh – nicht auszudenken. Zahlt die Krankenkasse das? Gilt das als Sportunfall? Gibt es einen Club der anonymen Schrumpfschniedel?
Ich habe das Handtuch umgeschlungen, als Mona ins Bad kommt. »Naaa, wo ist denn mein kleiner Achim?«, fragt sie kess und durchsucht mit routinierten Griffen die Frotteefalten. »Da isser ja«, sagt sie froh. Offenbar keine Auffälligkeiten. Puuhh, Glück gehabt. Ich werde über kurz oder lang auf die Sprintdistanz umstellen.

ACHILLES' TIPP 26

Entertainment please

Man kann es beim besten Willen nicht schönreden. Lange Läufe, ganz allein absolviert, sind stinkend langweilig. Glückwunsch an alle, die sich zweieinhalb Stunden lang mit ihren Gedanken beschäftigen können. Seit Musikgeräte auf Scheckkartengröße geschrumpft sind, kann man endlich die Ilias hören oder die besten Reden von Helmut Schmidt. Manche lernen eine Fremdsprache. Oder hören alle Bach-Kantaten nacheinander. Hilft alles nix. Lange Läufe sind und bleiben dröge. Die Blutleere im Hirn macht es nicht erträglicher. Was hilft? Wirklich gute Kumpels mitnehmen. Aber hinterher sind sie vielleicht Ex-Kumpels.

27.
BETT-MARATHON MIT FOLGEN

Den nötigen Appetit für die ehelichen Pflichten liefert das Laufen nicht immer. Manchmal serviert das Laufwunder seiner Mona allerdings nur Rohkost. Umso erstaunlicher, dass er im Gegenzug einen Nachtisch bekommt.

Morgens, wenn ich von meiner Trainingsrunde komme, biege ich gern noch bei Gudrun im Kiosk ein, um mir ein Intelligenzblatt zu kaufen. Dienstags die »FAZ«, wegen »Technik und Motor«. Freitags das »SZ-Magazin«, das unpraktischerweise in dicken Lagen Zeitungspapier eingewickelt ist. Immer werfe ich einen Blick auf die »Bild«. Als führender Intellektueller unseres Häuserblocks darf ich die natürlich nicht kaufen, sondern muss despektierliche Bemerkungen darüber machen.

Wenn Gudrun gerade am Lottoschalter beschäftigt ist, schaffe ich es immerhin bis auf die Rückseite. Da gibt es wunderbar gehässige Geschichten von Promis, die ständig in wenig Badezeug irgendwo am Pool stehen oder gerade paarungsbereit sind oder beides. Neulich sah ich dramatische Fotos von Goldie Hawn und Michael Douglas am Strand: Waschbretthintern und Hängebauchschwein. Wenn die beiden gerade paarungsbereit sind, kommt ein Faltenrock raus.

Die besten Geschichten in »Bild« fangen an mit den Worten »Amerikanische Wissenschaftler haben herausgefunden ...«

Neulich haben amerikanische Wissenschaftler zum Beispiel herausgefunden, dass Ausdauersport die Libido erhöht. Klar, wenn Frauen »Ausdauer« und »Sport« hören, dann geht die Phantasie mit ihnen durch.
Wenn die wüssten. Langjährige Läufer taugen nicht für stürmische Nächte. Zu mager. Sie verursachen blaue Flecken. Außerdem sind sie immer müde, vom vielen Training. Oder sie haben am nächsten Tag einen Wettkampf und müssen sich schonen. Oder sie sind stundenlang zugange, weil sie das so gewohnt sind vom Marathon, und die Herzdame fragt am nächsten Morgen: »Hast du gestern noch lange gemacht?«
Neulich nachts robbte Mona mal wieder in eindeutiger Absicht heran. Die Voraussetzungen waren gut. Ein Tag ohne Training, dafür morgen kein Wettkampf. Mona knabberte an meinem Ohr, was mich wahnsinnig macht, und flüsterte unglaubliche Dinge. Es war ein lauer Frühsommerabend. Warme Luft strömte durch das offene Fenster. Ein rolliger Kater sang in der Ferne sein hormonpralles Lied. Ich spannte meine zahlreichen Muskeln an. »Panther« ist mein zweiter Vorname. Die Hitze kam. Geschickt turnte Mona ...
Autsch! Ich schüttelte sie ab. Sprang auf. Steppte wie ein Hottentotte im Schlafzimmer. Der Krampf meines Lebens hatte mich erwischt. Das Knie ließ sich nicht mehr durchbiegen. Ich jaulte und riss an den Zehen. Das ganze linke Bein war hart wie Beton. Der Rest leider nicht mehr. Mona machte das Licht an und verfolgte amüsiert meinen Ausdruckstanz. »Magnesium«, röchelte ich. Mona ging in die Küche und ich zu Boden. Drei Sprudeltabletten später ging es wieder einigermaßen. Der Abend war natürlich gelaufen. Mona hauchte einen Kuss auf meine Wange, flüsterte »Mein Held« und rollte sich in jene Decke ein, die einst mir zur Hälfte gehörte.
Ich war heute Abend nicht in der Position, in der ich mich hätte beschweren können. Also trolle ich mich in die äußere Ecke und versuche, meine Niederlage ganz locker zu nehmen. »Ohne

Krampf zum Vorspiel«, das wäre ein Bestseller-Titel. Egal, man muss auch mal verlieren können, sagt die gute Fee in mir. Aber nicht im Bett, und nicht beim Sport, sagt der Teufel, der leider meistens Recht hat. Ich beneide die Wanderratte. Amerikanische Wissenschaftler haben festgestellt, dass dieses Tier sich in sechs Stunden bis zu 500-mal paaren kann. Da würde Mona aber Augen machen. Für den nächsten Karneval werde ich mir ein Wanderratten-Kostüm besorgen.

Ein paar Wochen später komme ich vom Laufen nach Hause. Mona erwartet mich schon an der Tür, was selten ist. Sie hält ein weißes Plastikröhrchen in der Hand. Super, hat sie Epo für mich besorgt? »Du wirst noch mal Vater, Achilles«, sagt sie und fällt mir um den Hals. Ich fasse es nicht. Wir Läufer sind ja doch tolle Burschen.

ACHILLES' TIPP 27

Läufer und Lover

Die Durchblutung der Fortpflanzungsorgane soll durch Ausdauersport gefördert werden, auch wenn das nicht immer zu sehen ist. Übertraining wiederum lässt den Sexdrang deutlich zurückgehen. Ob Ausdauersportler tatsächlich ausdauerndere, bessere, durchblutetere Liebhaber sind als Normalos, ist in der Forschung nicht restlos geklärt. Der Testosteronspiegel immerhin soll bei laufenden Männern höher liegen und damit das körperliche Verlangen. Auch wenn Trainer ihren Athleten vor wichtigen Wettkämpfen Sex-Verbot erteilen, glauben die wenigsten an leistungsmindernde Auswirkungen. Die Triathletin Astrid Benöhr hält eine nächtliche Sondertrainingseinheit für entspannend. Es gilt eben für alle Muskeln: »Use it or loose it!« Für Schwellkörper übrigens auch.

28.
LÄUFER RETTEN DEN STANDORT DEUTSCHLAND

Rein statistisch sind Läufer nach Frauen und Katholiken ungefähr die drittgrößte Wählergruppe in Deutschland. Sie sind zudem vorbildliche Bürger, Avantgardisten der globalisierten Gesellschaft und billig im Unterhalt. Es ist Zeit, eine Partei für Läufer zu gründen.

Auch wenn man vor den meisten Politikern am liebsten einfach nur weglaufen möchte: Es gibt mindestens sechs gute Gründe, eine eigene Partei für uns Aktive ins Leben zu rufen.
Läufer sind die Idealbesetzung für jegliche Krise, denn sie kurbeln den Binnenkonsum an. Keine andere Bevölkerungsgruppe, außer vielleicht Zuschauer von TV-Shoppingkanälen, ist bereit, für jeden Unsinn dermaßen viel Geld auszugeben: für absurde Pillen, Bücher, Magazine, Horror-Videos mit Doc Nightmare Strunz, für hässliche Plastikwäsche oder nur für das Startgeld eines Marathons, um sich dort die Lunge aus dem Leib rennen zu dürfen.
Vor allem aber sind sie mustergültige Energieverbrenner: Wenn, sagen wir, täglich drei Millionen Läufer eine Stunde trainieren und dabei 400 Kalorien zusätzlich verbrennen, dann macht das 200 Millionen zusätzlich verkaufte Nudelteller im Jahr, genug, um alle italienischen Restaurants im Großraum Berlin zu füllen, oder rund eine Milliarde Beutel mit hochkonzentriertem Mal-

todextrin, womit klar wäre, welche Aktien wirklich Rendite versprechen. Weil sie für ihr exklusives Hobby viel Geld verdienen müssen, sind Läufer meistens auch gute Steuerzahler.

Läufer sind die Helden des Gesundheitswesens. Entweder sind sie gesund, weil sie sich so viel an der frischen Luft bewegen. So entlasten sie das System. Oder sie sind verletzt, womit sie hoch qualifizierte Arbeitsplätze in Apotheke, Rehaklinik und Kniemanschettenindustrie schaffen. Das Gleiche gilt für die Rentenkasse: Denn Läufer sterben früh, weil sie nach einer verschleppten Grippe zu früh wieder anfangen zu trainieren und am Infarkt infolge einer Herzmuskelentzündung krepieren.

Läufer sind total verständnisvolle Menschengernhaber, wie Claudia Roth sie sich wünscht. Praktisch täglich akzeptieren sie Niederlagen, gegen sich selbst oder den Idioten, der sie auf den letzten Metern überholt hat. Und sie tragen immer T-Shirts, auf denen etwas von Frieden, Miteinander, Freude oder Umweltschutz steht. Und wie kann man eindrucksvoller seine Gefühle zeigen, als im Ziel heulend und schüttelfrostbibbernd zusammenzubrechen, um sich dann schwungvoll zu übergeben.

Läufer sind liberale Leistungsfetischisten. Sie wollen immer besser werden, kämpfen verbissen um Millimeter, Gramm und Nanosekunden. Läufer sind hungrig, so wie es sich in globalisierten Zeiten für Sieger gehört. Es ist genau diese FDP-Mentalität, vor der Chinesen, Inder, der ganze Weltmarkt sich fürchtet. Wir sind immer noch wer: »Made in Germany« lebt, zumindest beim Volkslauf.

Läufer sind engagierte Mitmacher, Motoren der aktiven Bürgergesellschaft. Sie organisieren Laufreisen zum Emscher-Nachttriathlon, backen Kuchen für das Geburtstagskind in der Trainingsgruppe, sie rufen sich an, wenn das Tempotraining im Stadion verlegt wird und hängen die ganze Nacht auf Facebook herum, um sich ihre Heldentaten zu berichten. Läufer haben einen Organisationsgrad, von dem etablierte Parteien nur träumen können. Wir sind Freunde, wenn auch nur Sportsfreunde.

Läufer sichern die Demographie, denn sie sind Familienmenschen. Nicht etwa, weil sie Frauen und Kinder gerne haben – sonst würden sie ja nicht so häufig davonlaufen. Nein, sie brauchen einfach nur Personal. Wer anders als eine treu sorgende Gattin stellt sich mit klebrigen Pullen bei Marathon-Kilometer 32 in den strömenden Regen, lässt sich bei der Übergabe von ihrem entkräfteten Gatten anraunzen (»Gib schon her!«) und radelt trotzdem tapfer weiter zu Kilometer 37, wo er eine halbe Stunde später vorbeiwanken wird?
Und nur vom ewigen Warten auf den Vater maximal gelangweilte Kinder erklären sich bereit, motivierende Schilder mit Parolen wie »Vati, du schaffst es!« oder »Unser Papa Kalle ist der Größte« zu malen.
Um den Standort Deutschland zu retten, hilft also nur eins: die Gründung einer Läuferpartei, die Allianz der Lauffreunde, kurz ALF. Nur ALF ist in der Lage, dieses Land wieder nach vorn zu bringen: Wir können, wir wollen, wir machen. Wir stopfen keine traurigen Nelken, sondern eine getragene Socke vom Vortag ins Knopfloch, als Nachweis dauernden Bemühens um Höchstleistung, um Binnenkonjunktur, Gesundheitssystem, Demographie und Miteinander. Der Berlin-Marathon wird unser Parteitag, der Lauftreff unsere Ortsvereinsversammlung. Aber Dieter Baumann bitte nicht unser Kanzler.

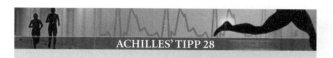

ACHILLES' TIPP 28

Bürger Läufer

Läufer sind in der Tat ein politisches Völkchen. Kein Provinzrennen, in dem nicht ein bewegter Athlet für oder gegen etwas demonstriert, und sei es nur mit seinem Friedens-T-Shirt vom »Run for Peace« in Harsewinkel 1987. Beim Marathon finden sich immer wieder Verrückte, die Friedensfahnen über 42 Kilometer tragen. Es ist eine schöne Geste, den Kriegsparteien auf der Welt aber wohl ziemlich egal. Warum Läufer immer Gesinnungen und Appelle loswerden müssen? Wahrscheinlich, um ihrem für die Gesellschaft eher sinn- und nutzlosen Traben irgendeine Bedeutung zu verleihen.

29.
PEPE, DIE GRUNZENDE WALKERIN

Walker sind nicht von Interesse. Anders verhält es sich, wenn sie weiblich sind, einem berühmten Stinktier ähneln und beim Aufwärmen wie die kleine Schwester von Marlene Dietrich qualmen.

Meine liebste Sportkameradin steht jeden Samstagvormittag auf dem Parkplatz am Berliner S-Bahnhof Grunewald inmitten ihrer Walking-Gruppe. Sieht aus, als hätte ein Laster eine Fuhre Teletubbies verloren. Schwankend stützen die Modellathleten sich auf ihre Stöcke und biegen ihre Körper mit leisem Grunzen. Meine Sportkameradin ist fast schlank und hat schwarz gefärbte Haare, was man am graublonden Scheitelstreifen erkennt.
Sie sieht aus wie »Pepe«, das verliebte Zeichentrick-Stinktier, das sich für unwiderstehlich hält und mit französischem Akzent »Isch lieebe disch« schmachtet. Ich weiß nicht, wie sie heißt und wer sie ist, aber ihre Anmut fasziniert mich, besonders wenn sie ihre Zigarette so zwischen den gefährlich kirschroten Lippen hält.
Viel Strecke hat »Pepe« noch nicht gemacht. Es ist auch nicht die erste Zigarette bei diesem Training, wie die beiden Lippenstiftkippen auf dem Waldboden verraten. Ihre Spezial-Handschuhe umfassen kraftvoll die beiden Spezialstöcke. Sie drückt die Schultern Richtung Spezialschuhe und schiebt den spezialhosenbes-

pannten Steiß zur Sonne – alles ohne Qualm dabei in die Augen zu bekommen. »Und jetzt stretchen wir noch mal die andere Seite«, ruft der Instructor, der früher mal »Wandervogel-Toni« hieß. Stretchen ist perfekt für Walker. Eben auch ein Illusionssport. Klingt professionell, sieht einigermaßen wichtig aus, ist aber garantiert so frei von Anstrengung wie Stöckchenziehen. Im besten Fall hat man sogar eine Hand frei fürs Pilsken oder die Zigarette. Stretchen ist auch prima zum Zeitschinden: zehn Minuten Laufklamotten anziehen, je 15 Minuten An- und Abfahrt, 20 Minuten duschen und restaurieren, dann noch jeweils 15 Minuten vor und nach dem Lauf stretchen, und schon hat man mit einer halben Stunde Schlafftrab gefühlte zwei Stunden Sport getrieben.

Der Trick scheint sich herumzusprechen. Sonntags am Fischerhüttenweg kommt man keine vier Schritte weit, ohne über einen Hardcore-Stretcher zu stolpern. Am Treppengeländer, unten auf der Brücke, an jeder Bank hat ein Mensch ein Bein aufgelegt, biegt den Oberkörper darüber und befummelt mit angestrengtem Blick seinen Oberschenkel. Auweia, eine Muskelverhärtung! Aber wovon?

Manchmal steht auf der Wiese ein besonders engagierter Dehner wie ein Storch auf einem Bein und reckt die Arme in die Höhe. Seht her, Vati kann Power-Stretchen. Am besten sind allerdings die Kanonen, die wie tot an ihrem Auto lehnen, schwer pumpend, den Kopf tief zwischen die Arme gezogen. Preisfrage: Ein Kreislaufkollaps infolge Überlastung, ein feststoffbegleitetes Bäuerchen oder einfach nur Stretch-Alarm?

Dehnen muss sein, sagt die Fachwelt. Die Theorie behauptet, dass der gemeine Muskel sich nach getaner Arbeit zusammenzieht. Tut er das zu oft, verkürzt er sich dauerhaft. Stretchen nach dem Lauf wirkt dagegen. Und vorher ist es auch wichtig, dann muss man nicht so lange laufen.

Dehnen ist wie eheliche Treue. Ein ehernes Gesetz. Aber keiner weiß, wie es geht. Bis ganz kurz vorm Wehtun dehnen, rät der Experte. Aber woher soll ich wissen, wann es kurz vor dem Wehtun

ist? Entweder tut es noch nicht weh, dann habe ich nicht genug gezogen. Oder es tut weh, dann war es zu viel. Jede Wette, dass die Weltgemeinschaft der Jogger mehr Verletzungen durch Stretching erlitten hat als durch Nichtdehnen. Letztes Jahr erst bescherte mir herzhaftes Oberschenkeldrücken ein Vierteljahr lang Sehnenqual zwischen linker Hinterbacke und Kniekehle.
Ich bin bekennender Stretch-Muffel. Beineziehen ist langweilig, es sieht Uschi-artig aus und außerdem wackele ich immer, wenn ich eine Hacke mit beiden Händen an den Hintern ziehen soll. Manchmal hüpfe ich dann, um das Gleichgewicht zu halten. Eine entwürdigende Aufführung. Ich war immer elastisch wie ein Amboss und werde es für den Rest meines Lebens bleiben. Meine Fingerspitzen hatten noch nie das Vergnügen, den Boden zu berühren, solange die Knie durchgedrückt waren. Na und? Bin ich Läufer oder Yogi?
Mein Mitläufer Klaus Heinrich ist ein manischer Dehner. Vor jedem Lauf baut er sich gut sichtbar auf und verrenkt sich. Komischerweise immer in der Nähe ebenfalls dehnender Frauen. Klaus Heinrich ist Single und schwört auf permanent-multiple Beziehungen. »Lass uns endlich laufen«, quengle ich. »Noch zwei Minuten«, wispert er zurück, »die Braut da vorne guckt schon.« Natürlich rennen die Frauen immer sofort weg, wenn Klaus Heinrich ein Gespräch über die Vorzüge weichen Waldbodens im Spätsommer anfangen will. Nächsten Samstag mache ich ihn mit meiner Sportsfreundin »Pepe« bekannt.

ACHILLES' TIPP 29

Zieh!

Jaja, Stretchen ist wichtig. Vorher, nachher, mittendrin. Die Übungen stehen in der Fachliteratur. Achilles hat trotzdem keine Lust dazu. Wozu der Stretch?

30.
MARKENFETISCHISMUS IN XXXL

Mein Gott, wie sieht der denn aus? Leistung ist Läufern nicht so wichtig – Hauptsache, sie sehen gut aus und tragen teure Klamotten.

Zuerst die schlechte Nachricht: Unsere Teenager sind eine fürchterliche Brut. Bei jungen Leuten dreht sich alles nur um Klamotten, um peinlich große Schriftzüge und Labels oder kleine blöde Abzeichen, die Geschmack und Exklusivität signalisieren sollen, aber in Wirklichkeit nur brüllen: Hemd teuer, Hose sauteuer, Schuhe unbezahlbar.
Jetzt die noch schlechtere Nachricht: Die Eltern dieser Teenager sind wesentlich schlimmer, vor allem, wenn sie laufen. Es ist eine verdammte Lüge, die jedem Anfänger aufgetischt wird: Laufen sei ein ganz billiger Sport, da brauche man nur Sachen, die ohnehin jeder im Schrank hat: die alten Pilzpantinen, das gute alte UCLA-Shirt und die baumwollgraue Bollerbuxe. Ossi-Bräute könnten bei der Gelegenheit gleich ihre Buffalos auftragen. Sohle ist ja genug dran, die reicht locker bis zur nächsten Teilung Deutschlands. Für einen solchen Aufzug braucht man allerdings ein stabiles Gemüt. Denn der Laufweg ist ein Laufsteg und jeder Blick der lieben Sportsfreunde bei ästhetischer Zuwiderhandlung pure Folter, ein Fall für Amnesty International.
Mögen Super-Ökonomen auch stolz auf ihre TCM-Schnäppchen

verweisen, Fakt ist: Keine Szene ist so label- und fashiongeil wie das Läuferpack, höchstens vielleicht noch Rennradfahrer. Bei Klamotten setzt der Verstand aus und jeder pekuniäre Kontrollmechanismus auch: Auf den sechs Kilometern um den Schlachtensee werden Funktionsfasern für viele 100 000 Euro bewegt, wenn auch nur in mäßigem Tempo. Und alle taxieren sich gegenseitig, versuchen aus den Klamotten herauszulesen, wie es um Charakter, Jahreseinkommen und Style-Sicherheit bestellt ist. Die Laufleistung ist egal.

Zum Beispiel die klassische Grunewald-Bewohnerin, dritte Generation Immobilienhaie, stählerner Botoxblick, zart beim Auftritt, damit die Farbe nicht von den Lidern bröckelt. Tempo: Schnappschildkröte auf Valium. Immer in weiß, die Dame, bevorzugt Adidas-Schuhe, die aussehen wie neu. Sind es wahrscheinlich auch, weil sie die anderen weggeworfen hat – waren ja schon ganz schmutzig. Sollte sie wie auch immer zu Kindern gekommen sein, ist sie vor kurzem auf Puma umgestiegen, weil das ja so hipp ist jetzt bei den jungen Leuten. Ihr Fila-Trainingsanzug ist so weiß wie das Joop-Stirnband.

Oder der übergewichtige Jaguar-Fahrer mit dem kantholzigen Ackermann-Blick, der bei jedem Schritt so schwerplatschend landet, als lägen da auf dem Boden seine Angestellten. Ein Schweißbach markiert seinen Laufweg. Alle seine Manager-Kollegen joggen, deswegen ist er auch mal in ein Fachgeschäft gegangen. Die sehnige Verkäuferin hat sofort die Chance erkannt und ihm von gelenkschonenden Dämpfungssohlen und schweißvernichtenden Funktionsfasern vorgeflunkert. Nun trägt er japanische Mizuno-Schuhe, Odlo-Unterwäsche, Socken mit Titangewebe zur Mittelfußstützung, eine Hose von Rono in XXXL und eine Windstopper-Jacke von Asics. Gesamtpreis 800 Euro. Dafür liegt der Krempel nach dem dritten Anlauf in der Ecke. Dicke Manager haben alles, aber keine physische Ausdauer.

Interessant auch die total kreative Non-Konformistin, deren Aufgabe es ist, am Empfangstresen einer Werbeagentur gut auszu-

sehen: Zum Nasenstecker trägt sie Schuhe von Pearl Izumi in Jack-Russell-Rosettenrosa und das Camouflage-Sweatshirt von Doc Martens. Oder der Anfänger, ein leicht hüftspeckiger Familienvater, der im »Stern« gelesen hat, dass Laufen in sei. Er war mit seiner Frau bei Sport-Karstadt und hat sich für die Hausmarke »Alex« entschieden. Schuhe, Socken, Hose, Hemd, alles farblich abgestimmt. Das war ökonomisch sicher vernünftig. Und sieht genauso aus.
Klaus Heinrich glaubt ja, man könne sich Stil kaufen. Er trägt einfach immer nur das Neueste und Teuerste von Nike. »Markenmix geht gar nicht«, sagt er. »Aussehen wie in Anzeigen geht erst recht nicht«, entgegne ich dann. Neulich hatte Klaus Heinrich seine Laufklamotten bei seiner vorübergehenden Freundin in Köln vergessen. Da kam er am Sonntagmorgen in dunkelblauem Trainingsanzug an mit Deutschland-Adler auf der Brust und Klumpfuß-Turnschuhen. »Meine alten Bundeswehr-Klamotten«, sagte er kleinlaut, »ich hab nichts anderes.« Die Resonanz am Schlachtensee war gleichwohl überwältigend. »Coole Klamotten«, rief uns schon auf den ersten Metern ein Jüngling beim Überholen zu: »Was ist das für 'ne Marke?« Mit der Gelassenheit des Trendsetters sagte Klaus Heinrich: »Leo II.«

ACHILLES' TIPP 30

Hauptsache teuer

Wir versuchen, uns an die achtziger Jahre zu erinnern. Damals trugen wir beim Laufen ein T-Shirt und, wenn es kühl war, ein Sweatshirt darüber, alles Baumwolle, null atmungsaktiv. Liefen die Menschen langsamer damals, waren sie unglücklicher, kränker, öfter erkältet oder verletzt? Wahrscheinlich nicht.

Heute ist Hochtechnologie Pflicht. Von der Socke bis zur Jacke, vom Unterhemd bis zur Sohle, kein Millimeter Ausrüstung, der nicht aus der Raumfahrtforschung stammt. Schneller machen einen die Superklamotten garantiert nicht, allenfalls ein bisschen wärmer, aber viel ärmer. Es ist wie mit Hosen und Hemden aus dem Designer-Shop: Kosten das Zehnfache im Vergleich zur Grabbeltischware, sehen genauso aus, aber man fühlt sich einfach besser darin.

31.
ORANGENPLANTAGE IN DER HOSE

Ein schreckliches Los – Zellulitis. Nur wohin mit der Orangenhaut? Da hilft nur Tarnung. Ach so: Deswegen laufen so viele eigentlich knackige Läufer nicht kurzbehost durch die Gegend.

Ich laufe ja nur in langen Hosen. Lang heißt: bis übers Knie. Farbe? Egal. Aber die eine oder andere geschwungene bunte Linie, die den idealen Schenkelverlauf nachmalt, die darf ruhig sein. Im Sommer gucken mich die anderen immer mitleidig an, als wollten sie sagen: Guck mal, der arme Kerl hat nur die eine Hose. Das stimmt nicht. Ich habe viele Hosen. Aber immer die gleiche Länge. Diese albernen Shorts, bei denen man immer Angst haben muss, dass was rausrutscht, die mögen an exhibitionistischen Jungspunden noch ganz scharf aussehen, findet jedenfalls meine liederliche Gattin. Herren in den besten Jahren aber, die im textilen Nichts durch sonntägliche Spaziergängerhorden huschen, am besten noch riechbar verschweißt, die sollte man zurechtweisen. Wo kommen wir denn da hin? Eines Tages werden die ersten Strippen-Tangas in unserem schönen ehrwürdigen Laufsport zu sehen sein, darüber ein Sechzehnender von Arschgeweih, das nahtlos ins Schulterblatt-Branding übergeht. Und dazu ein zünftiges Augapfel-Piercing.
Um ehrlich zu sein: Ein bisschen Bauernmalerei und ein Pfund Blech im Leib, das hat seine Vorzüge. Das lenkt nämlich ab vom

Rest. Das wäre mir ganz recht, denn ich, also, ich sage das nicht gern, aber ich, tja, wie soll ich anfangen, es ist nämlich so, dass, weil: Ich habe ein Problem, eine schicksalhafte Frauenkrankheit, um genau zu sein. Und das schon seit Jahren. Wenn ich die Haut auf meinen Oberschenkeln vorsichtig zusammendrücke, erscheint plötzlich eine gruselige Kraterlandschaft. Canyons ziehen sich durch wellige Bergrücken, auf deren Kämmen einsame Haare vegetieren, eine Gegend, die aussieht wie aus Griebenschmalz gemeißelt. Dellen, soweit das Auge reicht, nicht tief, aber zäh. Nicht wegzukriegen.
Das ist kein feinmuskelig definiertes Athletenbein, das ist das Grauen: O-R-A-N-G-E-N-H-A-U-T. Und in Wahrheit nicht mal die, sondern was noch viel Schlimmeres. Gäbe es eine Interessenvertretung für die Rechte von Apfelsinen, Orange-Peace, dann würden die sich sofort an meinem Bein anketten. Und sie hätten Recht: Mein Bein sieht nicht nach Apfelsinenschale aus, sondern nach sehr, sehr altem Gürteltier.
Meine Laufbekanntschaft Klaus Heinrich sagt, ich soll einen Luffa-Schwamm nehmen und immer schön in eine Richtung bürsten. Hat er beim Orthopäden in der »Brigitte« gelesen. Unmöglich. Diese Schwämme sind nach 24 Stunden im Bad doch Pilz-Plantagen. Nach einer Woche laufen alle Luffas weg, um eine klebrige Affäre mit den Sporen in der Biomülltonne anzufangen. Und was soll mein Sohn Karl denken, wenn ich nackig im Bad mit einem Schwamm an meinen Oberschenkel rumbürste. Wahrscheinlich hat bei Michael Jackson alles mit einem Luffa-Schwamm angefangen. Weil Liz Taylor ihm gesagt hat, damit kriege er die Farbe ab.
Schneller laufen, empfiehlt Klaus Heinrich, das mache die Muskeln härter und exorziere die Beulenpest. Aber noch schneller laufen? Unmöglich. Das tut weh. Kieselsäure, sagt Mona. Sie bunkert eine weiße Plastikflasche mit einem Zeug im Kühlschrank, das aussieht, als könne man schwanger davon werden. Schmeckt auch so, soll aber gut fürs Bindegewebe sein.

Das Bindegewebe sei eine völlig zu Unrecht unterschätzte Körperschicht, sagt Hans-Wilhelm Müller-Wohlfahrt, dieser Bayern-Arzt mit dem kanzlerdunklen Mittelscheitel. Der betet vor jedem Spiel, dass sich ein Spieler verletzt, damit er vor den Augen der Weltfrauen unglaublich schnell auf den Platz rennen kann. Mona beugt sich 89 Minuten über ihre Handarbeiten, guckt aber genau in dem Moment auf, wenn MW zum Sprint ansetzt. »Wer ist denn das da mit dem Koffer?«, fragt sie jedes Mal. Und immer antworte ich: »Nur einer von den Scheiß-Bayern.«
Wenn MW nicht gerade mit Dr. Strunz zusammen unterm Solarium Jungbrunnenhormone einpfeift, dann trainiert er bestimmt Sprints mit Köfferchen, heimlich im Garten seiner Villa. Seine Frau muss ihn mit der Video-Kamera vom Dachfenster filmen. So hat er seinen Laufstil über die Jahre TV-gerecht perfektioniert, und den entschlossenen, besorgten, gleichwohl kompetenten Gesichtsausdruck. Der Frisör Meir hat seinen Mobilsalon auf der Terrasse aufgebaut, um den Mähnenflug zu optimieren. Das ist aber alles nur Ablenkung. Ist doch klar. Müller-Wohlfahrt hat immer lange Hosen an, wenn er auf den Platz läuft. Zufall? Niemals. Jede Wette: Der hat auch Orangenhaut.

ACHILLES' TIPP 31

Schenkel-Alarm

Die gute Nachricht: Nahezu jeder Normalbürger kann mit etwas Training seine Ausdauer verbessern. Die schlechte Nachricht: Man sieht es nicht jedem an. Die Gene sind schuld. Manch trainingsfauler Zeitgenosse hat Schenkel wie ein Zehnkämpfer, der fleißige Dauerläufer dagegen rennt immer noch auf konturlosen Würsten durch die Welt. Die Gene sind eben ungerecht verteilt. Noch gemeiner wird die Sache, wenn man sich die Muckis nicht nur von außen, sondern von innen betrachtet. Da gibt es weiße und rote Muskelfasern und die sind bei jedem Menschen anders verteilt. Wer von der Schöpfung mit vielen weißen Fasern beschenkt ist, wird mit moderatem Training den Marathon unter vier Stunden laufen. Wer die roten Sprinterfasern geerbt hat, bleibt auch trotz harter Vorbereitung über 240 Minuten. Immerhin gewinnt er den Endspurt um Platz 23642.

32.
DER FEIND IN MEINEM NAGELBETT

Die Füße sind des Läufers Kapital – und das kann akut gefährdet sein. Schuld ist aber ausnahmsweise mal nicht Mona, sondern ein gemeiner Pilz. Auch unser Wunderläufer Achim Achilles bleibt nicht verschont. Und landet prompt in der Ausgrenzungsfalle.

Neulich beim Lauftreff kam wieder mal Traudl angeschlichen. Traudl ist der laufende Beweis, dass auch regelmäßige Bewegung kein Garant für Anmut ist. Alle sagen, dass Traudl wirklich nett sei. Vergiftetes Kompliment. »Nett ist die kleine Schwester von widerlich«, sagt Patrick, der zwar kein großer Läufer ist, aber häufig Recht hat. Traudl läuft in gebückter Plattfüßigkeit, wie ein ukrainischer Rübenbauer. Wären ihre Schenkel etwas weniger üppig, könnte man bei ihr O-Beine vermuten. Aber nett.

In Wirklichkeit ist Traudl lästig. Sie gehört zu jener Sorte Menschen, die völlig hemmungslos von ihren privatesten Problemen erzählen. Heute leider auch. »Sag mal Achim«, fragte sie mit ihrer Megafon-Stimme, »was machst du eigentlich gegen deinen Fußpilz? Alle Läufer haben ja Fußpilz.« Traudl ist eine Meisterin des Selbstmarketings. Sie weiß, wie eine Frau sich rundum begehrenswert macht.

Die bezaubernden Laufkollegen grienten und stellten ihre Ohren auf. Was soll man antworten? Nein? Glaubt eh keiner. Keine

Ahnung? Auch nicht besser. Würde auf ein gespanntes Verhältnis zu meinen treuesten Laufwerkzeugen schließen lassen. Ja? Völlig ausgeschlossen. Mögen auch 98 von 100 deutschen Läuferfüßen rundum verpilzt sein – meine nicht. Sagen 100 von 100 Läufern. Über bestimmte Leiden spricht man einfach nicht.
Dass praktisch alle darunter leiden, sieht man ja schon an der Werbung. Warum hängt denn in jedem ICE die Reklame von »Prostagutt«? Warum wirbt »Granufink« im ZDF? Und warum türmen sich in jedem Apothekenschaufenster die Canesten-Packungen? Natürlich, damit man darauf zeigen kann, ohne viel erklären zu müssen. Der angeekelte Blick des Weißkittels reicht völlig.
Ich verwendete die Mona-Technik und konterte mit einer Gegenfrage: »Was tust du denn dagegen?« Traudl seufzte: »Ich hab's aufgegeben.« Ich starrte auf ihre Laufschuhe mit den zartpinken Applikationen. Hoffentlich würde ich nie die Gelegenheit bekommen zu sehen, was sich darin verbirgt. »Hab' ja alles versucht«, klagte Traudl, »Salbe, Spray, Pillen. Und nun sitzt er auch noch unterm Nagel, an drei Zehen.« Der Feind in Traudls Nagelbett – too much information.
»Und?«, fragte ich und kämpfte mit aufsteigendem Völlegefühl. »Chemie hilft nur dem Apotheker. Ich setze auf die Selbstheilungskräfte des Körpers.« Viel Spaß. Ich warte seit Jahren auf die Selbstbeschleunigungs-, Selbstverschlankungs- und Selbstmotivationskräfte meines Körpers. Vergeblich. Vorbildlich funktionieren nur die Selbstermüdungskräfte.
Ich beschloss dennoch, meinen Zehen umgehend mehr Zeit und Liebe zu schenken. Man vergisst seine Füße ja leicht. Sie haben halt das Pech, am denkbar entferntesten Ort des Körpers angebracht zu sein. Die Zehen sind ein physisches Sylt, eine Gegend am äußersten Ende, wo sich merkwürdige, bisweilen lästige Lebewesen ballen, die spontanen Juckreiz auslösen.
Als ich neulich mit meiner neu gewonnenen Hingabe die Zehenzwischenräume föhnte, kam Mona ins Bad. Man kann meiner

Gattin viel vorwerfen, aber ihre Füße sind gut in Schuss. Auf unserem Sofa ist die Infektionsgefahr für Tinea Pedis eben gering. In der Dusche vom Mommsenstadion dagegen lauert der Pilz in jeder Fuge, wahrscheinlich lässt er sich inzwischen sogar von der Decke fallen wie eine Zecke.
»Was machst du da?«, fragte Mona skeptisch. »Fußpflege«, antwortete ich, ausnahmsweise wahrheitsgemäß. »Hast du dir etwa was eingefangen? Was ist denn das für ein Fleck auf deinem Zehennagel?« Ich hasse Behauptungen, die als Fragen getarnt sind. »Eine Druckstelle vom Schuh«, erklärte ich. »Sieht aus wie Nagelpilz«, diagnostizierte meine streitlustige Frau, »schlepp uns bloß keinen Pilz in die Familie! Ich mach dir einen Termin beim Arzt.«
Ich Trottel drückte auch noch auf dem leichten Schatten herum, den Mona »Fleck« nannte. Er wurde dunkler. »Siehste«, sagte sie. »Leichter Bluterguss«, konterte ich, »ist morgen weg.« Mona kramte im Medizinschrank nach Spray. Jedes Mal, wenn ich den Schatten ansah, wurde er größer. Ich drückte den Zeh kräftig auf den Boden. Die Fleckfläche verdoppelte sich. Mir schwante ein Leben unter Pilzverdacht. Ich verspürte spontane gesellschaftliche Ausgrenzung.

ACHILLES' TIPP 32

Hornhautschwielen und ungekürzte Nägel

Keine anderen Körperteile bereiten Läufern so viele Probleme wie die Füße. Mit vernünftigem Schuhwerk, teuren Produkten und professioneller Pflege kommt man gegen Fußpilz und Blasenbildung aber durchaus an.

*Lieber Achim,
ich laufe seit einigen Jahren begeistert Marathon. Mir fällt allerdings immer wieder beim gemeinsamen Duschen nach dem Wettkampf auf, dass Läufer überwiegend sehr hässliche Füße haben. Da finden sich Hornhautschwielen an allen Ecken, Blasen teilweise blutgefüllt, verlorene Fußnägel, Fußpilz usw. Wie pflegt man seine Füße vernünftig und kann man die enorme Hornhautbildung überhaupt vermeiden?
Mit juckendem Gruß, Kai aus Bremen*

*Hallo Kai,
öffentliches Duschen nur mit Badelatschen, es sei denn, Du willst Deinen eigenen Pilzstamm ringsum in allen Arenen dieses Landes verbreiten. Ich persönlich würde allerdings alle Nicht-Latschen-*

ACHILLES' TIPP 32

Träger mit einer Adilette aus der Dusche prügeln. Regelmäßiges Lotionieren der holden Füßchen ist jedenfalls zu empfehlen. Sind es doch eigentlich dieselben, die uns so weit tragen. Nagelprobleme kommen fast immer von zu engen Schuhen und zu langen Nägeln. Was wirklich hilft, sind ausgiebige Fußbäder mit anschließender eigenhändiger Pflege der Füße: Nägelkürzen, überschüssige Hornhaut entfernen und eincremen.
Gut Fuß, Jens Karraß

Lieber Kai,
alter Champignon. Du hast völlig recht. Ästhetisch rangieren Läuferfüße zwischen Schlachthofabfällen und Alien III. Machen wir uns nichts vor, im deutschen Zehenzwischenraum wuchert der kleine Schlingel, Champignonus marathonensis vulgaris, wie wir Humanisten sagen, und zwar nicht zu knapp. Sonst würden die Apotheken nicht schaufensterweise für Gegenmittel werben. Die gute Nachricht: Ist nicht gefährlich. Die schlechte: Wenn man Pech hat, dauert es ewig, das Mistding zu vernichten. Er siedelt nämlich gern in der Socke und soll angeblich auch Hitzeattacken oder Schleuderrunden in der Waschmaschine überleben. Mona schwört auf professionelle Fußpflege,

ACHILLES' TIPP 32

vulgo Peäiküre. Es gibt nämlich tatsächlich Menschen, die freiwillig anderen an den unteren Extremitäten herumfummeln. Kostet ein Vermögen, bringt's aber.
Fußfetischist Achim

33.
STING IN KITTELSCHÜRZE

Hier mal drei Thesen zum Laufen: Laufen ist gesund, Laufen macht sexy, Laufen fördert den Familienfrieden. These eins: Sicher. These zwei: Manchmal. These drei: Scheitert leider häufig an einem übel riechenden Nebenprodukt der körperlichen Betätigung.

Frauen riechen ja anders als Männer, aktiv wie passiv. Mona zum Beispiel ist eine optische Riecherin. Das heißt, sie riecht gar nicht, sondern sie sieht etwas, einen Läufer etwa, und schon glaubt sie, ihn zu riechen. Selbst wenn dieser Läufer zwei Minuten zuvor einen Weltrekordversuch im Dauerduschen erfolgreich beendet hätte, würde Mona behaupten, dass er stinkt. Nur weil er in potenzieller Müffel-Kleidung daherkommt. Aber kaum kreuzt einer in Nadelstreifen auf – dann riecht er für Mona automatisch gut, auch wenn er in seinem transpirationsfördernden Kunstfaser-Dreiteiler einen Monat lang im Puma-Käfig genächtigt hat.

Monas optische Nase macht das Leben eines regelmäßig trainierenden Ausdauerathleten zur Hölle. Denn in ihren Augen rieche ich nie gut, egal, wie sehr ich mich um ein optimales Verhältnis von Training und Deo-Einsatz bemühe. Morgens zum Beispiel duscht der zivilisierte Mensch, bevor er sich zum Ausruhen ins Büro begibt. Wenn ich nach dem Aufstehen laufe, schwitze und dusche, gäbe es für meine Gattin keinen Grund, mit misstrau-

ischem Dobermann-Blick an mir auf und ab und durch all unsere Räume zu schnüffeln. Sie tut es natürlich doch.
Das Geschnupper ist aber nur ein Vorwand. In Wirklichkeit will Mona, dass unsere Wohnung so aussieht wie im »Architectural Digest«, am besten wie Stings Landhaus, das in der letzten Ausgabe mehrfach doppelseitig abgebildet war. Auf den Fotos liegt nichts herum, keine Laufklamotten, aber auch sonst nichts, nicht mal eine Zeitung oder ein Kugelschreiber. Was macht der Mann den ganzen Tag? Kittelschürze an und aufräumen? Wo hat Sting seinen Wäscheständer? Und wo lagert er seine Laufklamotten? Wäscht er sie nach einmal Tragen? Warum stehen derart vitale Informationen nicht in »AD«?
»Überall liegt dein Krempel rum«, sagt Mona und saugt die Luft prüfend ein. Ich stimme »Roxanne« an, meine Paradenummer. Meistens muss Mona dann grinsen. Nur heute nicht. Dicke Luft. Okay, okay, ich gebe zu, hier und da findet sich ein kleines Laufutensil. Aber die riechen nicht, nicht doll jedenfalls, außerdem ist das meiste sowieso so gut wie neu, und wenn es eine eigene Note hat, dann von mir. Frauen mögen das doch, diese herbe, etwas säuerliche, auf jeden Fall aber markante, die unwiderstehliche Mischung aus Männlichkeit, Motorenöl und Malt Whiskey.
Fast alle Bruce-Willis-Filme basieren auf dem Prinzip des optischen Aromas. Wenn er verschwitzt und verschmiert die Welt rettet, kiekst Mona immer ganz aufgeregt. Kaum riecht es bei ihr zu Hause wirklich mal so, wird aus den Kieksern Geschrei. Nur weil ich die Laufjacke an die Garderobe gehängt habe. Die habe ich höchstens dreimal getragen. Und die klitzekleine Kruste am Ärmel ist auch gar kein Schweiß. Die Hochtechnologiefaser wird ja nicht besser vom dauernden Waschen.
Zum Glück gehöre ich zu den vom Himmel beschenkten Menschen mit quasi neutralem Fußgeruch. Also ich rieche jedenfalls fast nichts. Meine fünf Paar Laufschuhe habe ich ganz unauffällig unter die Heizung im Schlafzimmer gestellt, da sieht sie kein Mensch, außer Mona natürlich und seitdem sagt sie, dass das

Schlafzimmer stinkt. Also stelle ich die zuletzt getragenen Schuhe ins Fenster. Neulich waren sie verschwunden. »Sind mir doch glatt runtergefallen, Achim«, sagte sie mit Hexenblick. Nach draußen.

Schwieriger wird es mit den Laufklamotten. Nach einem Mal Tragen über 50 Minuten muss man das Hemd und die Hose nun wirklich nicht gleich in die Waschmaschine stecken. Kostet ja auch alles Geld. Also hänge ich die Sachen zum Trocknen auf unseren kleinen Wäscheständer und zwar ganz zufällig zwischen die frisch gewaschenen Sachen, damit Mona nicht sagen kann, es röche komisch. Neulich ist sie mit ihrer Nase wie ein Drogenhund ganz flach über den Wäscheständer gegangen und hat jedes Kleidungsstück einzeln abgeschnüffelt. Dummerweise hat sie tatsächlich das just getragene identifiziert, aber garantiert nicht am Geruch, sondern an der Restwärme.

Eine Weile habe ich die Sachen im Badezimmer auf der Handtuchstange trocknen lassen. Aber dann kam Karl und zog das Handtuch von der Leine. Dabei fiel eine Laufhose auf ihn, die auf links gewendet war. Deswegen hat er die Socken nicht mehr gesehen, die hinterherkamen. Karl sagt, die Hose hätte komisch gerochen. Das Kind ist von Mona eindeutig manipuliert, es hat auch diesen Riechtick. Das kommt nur, weil Mona jeden zweiten Satz mit den Worten anfängt: »Riechst du das auch?« Natürlich riecht das Kind gar nichts, weil da nichts ist. Aber es denkt, es müsste seiner Mutter zustimmen, schon um des Friedens willen. Zum Glück ist es jetzt trocken, da kann ich die Sachen in den Garten hängen. Dachte ich jedenfalls. Bis mir irgendein verdammtes Vogelvieh einen senffarbenen Haufen mit weißem Rand auf den Kragen meines zartorangenen Profihemdes gesetzt hat. »Vogelscheiße riecht nicht«, hat Mona gesagt. Bei nächster Gelegenheit werde ich all ihre Sachen zum Trocknen in den Garten hängen. Und vorher ein Dutzend Meisenknödel in die Kastanie.

ACHILLES' TIPP 33

Wohin mit den Klamotten

Reden wir nicht lange drum herum: Eigentlich braucht der ambitionierte Läufer ein eigenes Zimmer, mit Waschmaschine, Wäscheschrank, Wäschetrockner, Materialkiste, Handtuchhalter, Garderobe, Werkzeugbank für Kleinreparaturen – das wär's eigentlich schon, wenn man das Medikamentenschränkchen, den Bandagenhalter und die Aktenordner mit Trainingsplänen und Ergebnislisten noch dazunimmt.

Tatsache ist, dass die Utensilien, die über die Jahre zusammenkommen und die man natürlich unbedingt braucht, in einem normalen Haushalt in einer normalgroßen Wohnung praktisch nicht mehr unterzubringen sind. Lebt man auch noch in einer gleichberechtigten Beziehung, beanspruchen Partner und Kinder ähnlich viel Extra-Platz.

Ein paar Regeln helfen:

1. *Im Sommer alle Winterklamotten ab in den Keller und umgekehrt.*
2. *Dabei streng darauf achten, was man im vergangenen halben Jahr kaum oder gar nicht getragen hat. Hart sein gegen sich – und weg damit.*

ACHILLES' TIPP 33

3. *Klamotten falten oder auf Bügel, das spart Platz.*
4. *Maximal von jedem Ausrüstungsteil zwei, jeden dreifach besetzten Posten gnadenlos auf zwei reduzieren (außer bei Schuhen und Finisher-T-Shirts).*
5. *Geschlossene Räume nie zum Trocknen von getragenen Klamotten benutzen. Das liefert der Familie Munition. Trockenrevier auf Balkon, Fenster, Terrasse ausdehnen.*
6. *Alle frisch gewaschenen Sachen sofort in den Schrank, um gar nicht erst den Zorn der lieben Mitbewohner aufkommen zu lassen.*
7. *Die Gattin einfach reden lassen. Es vergeht meistens.*

34.
VORZEITIGER GRUSSERGUSS

Die Läufer sind schon ein komisches Völkchen. Haben Rituale, die kein Außenstehender kapiert. Das Grüßen etwa ist eine Wissenschaft für sich. Einfach nur »Hallo« geht nicht. Spezialisten verfügen nach einigen Jahren über ein breites Repertoire – inklusive der formvollendeten Verachtung für Walker.

Wenn sich zwei Straßenbahnen begegnen, dann grüßen sich die Fahrer. Tippen an die Mütze, Nicken, Handheben. Früher haben sich Enten-Fahrer gegrüßt. Heute noch Motorradfahrer. Die heben meist zwei Finger. Gruppen zelebrieren per Gruß ein Wir-Gefühl, nicht nur für sich, sondern vor allem für die, die nicht dazugehören. Wir Straßenbahnpiloten, wir Lederpack, wir sind die coole Gang. Und was seid ihr, ihr Bus- und Autofahrer? Nichts.

Trotzdem bedeutet Gruppengrüßen nicht automatisch Nettsein. Denn wo Grüße sind, lauern auch Halb-Grüße, falsche Grüße, beleidigend knappe Grüße. So wird klein gehalten, was nach unten gehört.

Auf dem Favianfelsen wird mit rotem Hintern geklärt, was Läufer per Gruß erledigen. Feine Signale verraten Millionen von Freizeitsportlern, was sie wert sind. Eine kleine Soziologie des Läufergrußes.

Anfänger
Rotgesichtige Achtundsechziger, die der Arzt aufgeklärt hat, dass die Jugend seit zwei Generationen vorbei ist, die Plauze weg muss und der Infarkt lauert. Das Schlurfen seiner Samba, die Adi Dassler noch persönlich zusammengenagelt hat, erzeugt eine respektable Wolke Feinstaubs, aus der heraus er jeden Läufer, der ihm begegnet, sogleich freudig anspringen will: Statt Schwanzwedeln unkontrolliertes Arme-Rudern, dazu ein gejapstes »Hallöchen, äh, ich bin der …«, um viel zu spät zu merken, dass Laufen mit Tempo und nichts mit Quatschen zu tun hat. Schon aus disziplinarischen Gründen darf man diese Exemplare niemals grüßen. Sonst fühlen sie sich in ihrem bizarren Treiben noch ermuntert. Ihr Platz: auf dem weiten Gelände unterhalb des Pavianfelsens.

Möchtegern-Profis
Laufen schon seit vielen Jahren, haben sich die Beine bis zum Bauchnabel enthaart, halten sich für die Größten und alle anderen für Abschaum. Frau- und kinderlos, weil es mit solchen Idioten keiner aushält. Betrachten Grüßen als Schwäche. Rotzen stattdessen kurz und vernehmlich. Psychostruktur wie Olli Kahn, hätten auch als Gefängnisaufseher Karriere gemacht. In Wirklichkeit haben sie natürlich Recht: Es macht einen Heidenspaß, diese Kretins, die sehnlichst auf ein Zeichen warten, durch Gruß-Entzug zu erniedrigen. Wegen mangelnder Sozialkompetenz auf dem Pavianfelsen höchstens irgendwo in der Mitte.

Frauen
a) junge, schnelle: Haben schöne Beine, sonst leider meist zu mager. Aber ihr zarter Duft, ein Schweißfilm wie Raureif, aktiviert umgehend sämtliche auch unkontrollierte Grußreflexe. Entgegenkommenden kann man ein Lächeln abringen. Absolute Alpha-Weibchen.
b) ältere, langsame: Sind nur durch die Turnschuhe von Spaziergängerinnen zu unterscheiden. Gucken angestrengt weg. Das

haben sie bei Eduard Zimmermann gelernt. Halten Männer, die allein und in bunten Strumpfhosen durch den Wald hechten, für potenzielle Sittenstrolche. Lustig: Ein kräftiges »Guten Morgen« und sie macht vor Angst einen Satz in den Grünstreifen. Küchenhilfe bei Pavians.
c) dicke: Blicken zu Boden. Schämen sich. Unglückliche Frustfresserin. Genervt vom Mann, der mit der Kollegin fremdgeht, und den aufsässigen Blagen. Wollen auf gar keinen Fall gegrüßt werden, denn dann würden sie ja angeguckt. Kümmern sich im sicheren unteren Drittel um die Paviankinder.

Walker (meist in Rudeln)
Unterhalten den ganzen Wald mit ihrem Gequatsche und begrüßen Läufer mitleidig. »Guck mal, wie der seine Gelenke ruiniert.« Zügig dran vorbei und auf gar keinen Fall grüßen. Nicht satisfaktionsfähig. Erlaubt ist allenfalls die Frage: »Hat mal einer 'ne Zigarette?«, die mit vielstimmigem »Ja, klar« beantwortet wird. Ihr Platz: immer drei Schritte hinter dem Anfänger.

Bewohner der Sächsischen Schweiz
Hier kommt es seit einigen Jahren vermehrt zu Gruß-Unfällen, wenn sich nämlich joggende Glatzen mit Lonsdale-T-Shirts am fetten Leib und nichts als Unsinn in der Birne auf einem engen Waldweg begegnen, gleichzeitig den Arm zum Führergruß emporreißen und sich dabei gegenseitig K.o. schlagen. Dürfen die Erdnussschalen am Fuße des Felsens zusammenfegen, bis sie wieder bei Sinnen sind.

Tempoläufer
Zu erkennen an weißlichen Klümpchen in den Mundwinkeln. Leistungsorientiert, aber umgänglich. Würden gern grüßen, sind nur zu angestrengt, wollen außerdem nicht Kohlehydrate durch hektische Bewegungen vergeuden. Maximal knappes Handheben, das sich auf den letzten Kilometern auf ein Wimpernzucken

reduzieren kann. Beta-Männchen, dürfen sich das Keilen der Pavian-Chefs aber aus der Nähe angucken.

Alpha-Läufer
Alle, die so grüßen wie ich. Nämlich nie zuerst. Abwarten, was der andere macht. Showdown auf der Dorfstraße. Zuckt er? Ich nicht. Da plötzlich. Er kann die Hand nicht mehr ruhig halten. Sie schnellt nach oben. Er hat verloren. Huldvoll nicke ich herab, von der Spitze des Felsens, auf euch nervenschwache Frühgrüßer.

ACHILLES' TIPP 34

Grüß mich, Flegel!

Faustregel für den Läufergruß: Je dünner die Gegend besiedelt ist, desto frenetischer wird gewunken. Oder andersherum: Wer in einem dicht belaufenen Stadtpark einmal das Grüßen anfängt, der hört nie wieder auf. Grüßen ist ein Anfängerbedürfnis, um sich der Zugehörigkeit zu einer Gemeinschaft zu versichern. Mit der Zeit entwickeln sich ökonomische Grußtechniken wie etwa sparsames Nicken oder ein zartes Wedeln mit der Hand. Größter Fehler: Bekannte zu grüßen, die gerade auf der Bahn den letzten von acht Tempoläufen über 1000 Meter absolvieren.

35.
GANZ NACKIG

Nassrasierer und Männerbeine schließen sich aus. Das stand fest. Bis die Kollegen Erik Zabel und Rolf Aldag im Kino bei der Beinrasur zu sehen waren. Ab sofort wird heimlich am Schenkel geschabt.

Der beste Sportfilm aller Zeit heißt »Höllentour« und ist von Pepe Danquart. Der hat Rolf Aldag und Erik Zabel eine Tour de France lang begleitet, bis aufs Zimmer, bis unter die Dusche. Da steht der lange Aldag nackig in einem dieser Dixi-Klos von Billighotelbadezimmern und bearbeitet seine Storchenbeine mit einem Einwegrasierer. Auf dem Oberschenkel eine messerscharfe Linie. Oben Käseschenkel, unten broilerbraun, eingebranntes Zeugnis zehntausender Trainingskilometer.

Beinrasieren sei lebenswichtig, erklärt Aldag. Denn wenn man sich auf die Nase lege bei Tempo 60 und auf dem Schenkel mit Schmackes über den Asphalt rutsche, wenn sich das Plastik der Rennhose erhitzt und in die Haut brennt zusammen mit dem Rollsplitt, dann verfange sich in rasierten Beinen weit weniger Dreck als bei Fellträgern. Jau, sagt Zabel, obwohl man auch die Wunde im rasierten Bein noch mal mit der Wurzelbürste unter der Brause aufschrubben müsse, um sie sauber zu machen, damit eine möglichst nahtfreie Narbe zurückbleibt.

Ich weiß nicht, ob ich den Jungs diese Rasierrechtfertigung glauben soll. In Wirklichkeit wollen sie doch nur ihr bemuskeltes Betriebskapital vorzeigen. Dieses Bedürfnis haben leider auch ganz normale Zeitgenossen. Und die laufen fast alle immer vor meiner Nase lang. Es ist kein Spaß, dauernd auf Mitläufer schauen zu müssen, an deren Körper konturenlose Würste baumeln, die nur mit Mühe als Beine zu erkennen sind. Unter einem Geflecht von lila Besenreisern, die die nikotingelbe Hühnerhaut notdürftig überdecken, spannen sich kapitale Krampfadern. Aber rasiert bis unter die Achseln. Herr, schmeiß Leggings vom Himmel. Früher, in der Phase des Prä-Exhibitionismus, trugen solche Menschen diskreterweise fleischfarbene Stützstrumpfhosen, blickdicht. Heute wird das Elend auch noch rasiert.

Ein Gesetz muss her, dass das Zurschaustellen von rasierten Beinen erst ab einer bestimmten Muskelstruktur und einem Mindesttempo von, sagen wir, 12 Kilometer pro Stunde bei Läufern und 32 Kilometer pro Stunde bei Radfahrern erlaubt. Man könnte die Waden von Dr. Marquardt und mir als Referenzbeine nehmen. Alles was nicht dazwischen liegt, fliegt gleich mal raus.

Schlimmer als missratene Damenbeine sind eigentlich nur künstlich glänzende Laufwerkzeuge von Männern. So wie bei Klaus Heinrich. Beinrasieren ist eine geile Sache, sagt er. Der Kerl ist schlimmer als Michelle Hunziker. Einmal die Woche zieht er sich den Ladyshaver seiner Herzdame über die Schenkel, schabt und cremt und solarisiert und kann die Stelzen gar nicht früh genug im Jahr an die Sonne halten, der eitle Heini. Ich hatte gehofft, dass Mona meiner Meinung sein und das Rasieren von Männerbeinen für eine Obsession von Transvestiten halten würde, oder von Siegfried und Roy oder Udo Walz. Doch meine Gattin sagte nur: »Wer's tragen kann ...« Natürlich meinte sie mich damit.

Neulich unter der Dusche habe ich auf der Rückseite der linken Wade mal ein bisschen gekratzt. Der dämliche Rasierer war sofort mit Hautfetzen verstopft. Die Blutung hörte zum Glück ziemlich schnell auf. Die Schneise sah dämlich aus. Aber sie fühlte sich babyzart an, gleichwohl stählern sportlich. Ich schabte

weiter, nicht ohne den sportlichen Ehrgeiz, dieses verdammte Bein nackt sehen zu wollen. Leider hörte ich nicht, dass Mona ins Bad kam. Sie wollte sich gar nicht wieder einkriegen vor Lachen. »Willst du zu den Revuegirls im Friedrichstadt-Palast?«, fragte sie. Deine Stachelstelzen könnten auch mal wieder einen Flammenwerfer vertragen, dachte ich für mich. Aber ein wirklich gutes Argument fiel mir nicht ein. Wiehernd zog Mona davon.
Die Kunst besteht darin, ein wirklich überzeugendes Argument für etwas völlig Unsinniges zu finden. »Also, ich rauche, weil mein Arzt gesagt hat, dass mein Blutdruck zu niedrig ist und außerdem ist das für meinen Magen viel besser als Kaffee«, hat ein Kollege mir mal allen Ernstes erklärt. So eine irre Begründung braucht man für das Beinrasieren auch, irgendwas Gesundheitliches, zum Beispiel: Ich reiße mir den Pelz vom Stelz, weil durch die Reibung der Haare unter der Kunstfaserhose kleine Knötchen entstehen, die Entzündungen hervorrufen, welche auf Dauer wiederum zu Hautkrebs führen können. Das ist es. Das funktioniert, bei Frauen allemal. Heute Abend, nach dem Tempotraining, ist die andere Wade dran.

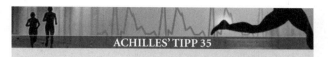

ACHILLES' TIPP 35

Eitelkeiten

Gibt es für Hobby-Läufer außer ästhetischen Erwägungen irgendeinen anderen Grund, sich die Beine zu rasieren? Nein. Nur wer regelmäßig zur Massage geht und zu dichtem Fell neigt, sollte das Haar entfernen. Sonst entzünden sich die Haarwurzeln womöglich. Ein Problem für Dichtbehaarte: Wo aufhören? Eine wirklich überzeugende Abschlusslinie findet sich auf dem Bein nicht. Fazit: Selbst Splitternackte können aussehen, als trügen sie eine Wollunterhose.

36.
VERSUNKEN IM WADENMEER

Zur Marathon-Vorbereitung gehört das Tempo-Training. Achim ist der Held der Tartanbahn.

Ich fliege. Meine Füße berühren den Boden nicht mehr. Meine Lungenbläschen saugen jedes Sauerstoffmolekül ein, das Hämoglobin jubiliert, der Muskel produziert schiere Kraft. »Freude hat mir Gott gegeben. Sehet! Wie ein goldner Stern!« 400 Meter, eine Runde auf der Bahn, das ist meine Distanz. Pures Glück. Die ersten 150 Meter jedenfalls. Schiller durchfährt mich bis ins Mark. Auf den letzten 250 Metern dann wonniges Leid: »Dem Schicksal leihe sie die Zunge, selbst herzlos, ohne Mitgefühl.«
Ein Nachmittag auf dem Hubertus-Sportplatz, das ist die wahre Schlacht der Muskelfasern, das Hirn spielt verrückt. Vielleicht ist das Glück. Auf jeden Fall die perfekte Vorbereitung. Schnellkraft tanken. Hier auf dem Hubi sind keine Weicheier wie die übermotorisierten Millionäre vom niedergewirtschafteten Grunewald-Tennisclub nebenan, die sich ihren Sport vom bankrotten Senat finanzieren lassen. Hier ist das Wadenmeer. Schau der Schenkel. Lechz und Posen. Jeder für sich. Aber alle gucken verstohlen. Wer hat sich schon Leistungs-Adern wie Feuerwehrschläuche ergaloppiert? Und wer trägt Quark unterm Hosenbein? Wo laufen Sie denn? Triumph. Verzweifeln. Sechs Bahnen breit Darwin. 400 existentielle Meter.

Tartan ist wieder da. Heute zu Füßen der Herren vom Postsportverein: der drahtige Aufschneider in seinem Schnucki-Höschen, der oben ohne läuft. Der behaarte Vollbart-Honk, der statt Laufstil komisch mit dem Hintern wackelt, aber irre schnell ist. Der Vileda-Wischmob-Kopf, der immer losläuft wie ein Irrer, nur um fürchterlich einzubrechen. Die Mittfünfzigerin mit dem blondierten Bubi, deren irrer Kampflesben-Blick mir Angst macht. Die langbeinige Weitspringerin, die immer nur hüpft und stretcht und trippelt und dann einfach wieder nach Hause geht. Kein einziger normaler Mensch hier.
Nur ich. Kämpfer. Held der zehnmal 400 Meter. Ich muss schneller werden. Raus aus dem Trott. Qualität kommt von Qual. Fünf Runden habe ich schon, jeweils 90 Sekunden. Noch einmal fünf. Die ersten Meter sind geil, dann kriecht das Laktat die Beine hoch. Süße Qual. Nur schnell genug ist es nie. Der Flitzer mit dem Nichts von Hose hat mich schon zweimal überholt. Ich versuche Voodoo. Seine Hose soll platzen. Klappt leider nicht.
Noch ein paar Meter bis zum nächsten Start. Puls runter auf 108. Uhr drücken. Knie hoch. Eleganz ist mein zweiter Vorname. Mit Dampf aus der Kurve. Noch 250 Meter. Hinter mir Ächzen. Das Hosennichts schickt sich an zu überholen. Mehr Armeinsatz. Du kriegst mich nicht, schwitzende Schleimschnecke. Ich mache eine Faust. Beim Überholen hau ich ihm eine rein.
Er zieht wie ein Gepard vorbei. Mir egal. Peinlicher Idiot. Sonnenstudioschwuchtel. Noch 100 Meter. Taumeln. Aua. Meine Schenkel wollen nicht mehr. Hmpf. Luft. Hgnagnn. Die Sonne sticht mich tot. Aargh. Speichelfetzen. Wrgrfst. Reißende Muskelfaserbündel. Die Ziellinie. 86 Sekunden. Sauerstoff für leere Lunge. Der eitle Hosenmatz hat mich getrieben. Pumpen. Es reicht. Ich will nicht mehr. Ich muss. Training. Tempo. Immer weiter. Runde um Runde. Ohne Ziel, nie ein Ende.
200 Meter Gehen, dann 200 Meter locker traben. Dann wieder 400 Meter volle Pulle. Egal, was die anderen machen. Gar nicht beachten. Höchstens für eine kurze Statistik: Gehöre ich zur

schnelleren oder langsameren Hälfte, wenn man die Rentner abzieht? Und die Frauen. Ist auch egal. »I spui mei Spui«, hat der Sportphilosoph Ludwig Kögl gesagt. Es gelten nur deine Regeln. Und die Bahn-Ordnung. Tartanbahn ist wie Autobahn: innen freigeben, außen Auslaufen.

Ich trabe wieder an. Vor mir drei Postsportfrauen. »Diese Woche über 100 Kilometer«, höre ich die eine im Vorüberlaufen japsen. Ich bin froh, wenn ich auf ein Drittel komme. Dafür mache ich Tempo. Ich bin an der Linie angelangt. Keine Ausrede. Nur noch viermal. »Heil'ge Ordnung, segensreiche«, weiß Schiller.

Diesmal tun schon die ersten Meter weh. Beton im Schuh. Krampf im Bein. Hitzschlag. Ich schleiche. Noch 392 Meter. Puls pocht im Ohr. Hoch die Hufe, Achilles! Noch 385. Aufhören mit Denken. Eins mit dem Universum. Schmerz? Was ist das? Wischmob vor mir. Schleppt sich. Letzte Reserve. Gleiche Höhe. Brust raus. Fotofinish. Auslaufen. 89 Sekunden. Auch gut.

Eine knappe Stunde später öffnet Mona die Tür. Stutzt. Erschrickt. »Warum siehst du so käsig aus? Alles in Ordnung, mein Achim?« Ich japse Entwarnung. Sie nimmt mich in den Arm, nass und fertig. Sagt einfach nur: »Mein Achim.« Tempotraining ist geil.

ACHILLES' TIPP 36

Tempo machen

Es gibt Bereiche beim Laufen, die sind feuerrot. Wie ein Auto, das überdreht: Die Lunge zerrissen, der Schädel geplatzt, der Körper nichts als Feuer. Es soll Athleten geben, die diesen Bereich scheuen, die immer bremsen, wenn es anfängt so richtig wehzutun. Es klingt masochistisch, ist aber wahr: Ein Finish bis zur Bewusstlosigkeit macht Spaß, sobald man wieder zu sich gekommen ist. Alle paar Wochen sollte man sich einen Moment im roten Bereich ruhig gönnen. Die Komfortzone ist für richtige Läufer strikt verboten. Wir laufen ja nicht zum Vergnügen, oder?

37.
DER FLUCH DES DICKEN BADEMEISTERS

Die meisten freuen sich auf den Urlaub. Achim Achilles nicht. Um sein Trainingsprogramm richtig durchziehen zu können, braucht unser Turboläufer die passende Umgebung. Doch die Familie will partout nicht dorthin, wo es für ihn in punkto Fitness am besten ist.

Mona will diesen Sommer wieder nach Italien. Sie will immer nach Italien, das vollste aller Urlaubsländer. Teuer ist es auch. Und die Pizza ist bei Marco am Viktoria-Luise-Platz allemal besser. Außerdem ist Italien kein Urlaubsland für Ausdauersportler, es sei denn, sie wollen Epo kaufen. Entweder ist es zu heiß fürs Laufen oder zu steil zum Radfahren. Schwimmen in der Adria ist unmöglich, man stirbt sofort an Algenpest. Auf den Hauptstraßen wird man noch vor der ersten Kurve totgefahren. Auf den Nebenstrecken lauern Hunde, die nie angekettet sind. Und auf allen anderen Straßen grinsen die Italiener dieses mitleidige Jaja-die-bekloppten-Deutschen-Grinsen. Nie sieht man Jogger in Italien. Und die Rennradfahrer stehen immer nur in Horden vor Cafés, klönen und zeigen sich ihre bunten Hemden.

Sowieso steckt mir noch das Trauma vom letzten Jahr in den Mitochondrien. Da hatten wir Elsa und Sergio kennen gelernt. Elsa konnte ein bisschen deutsch, suchte das Nonstop-Gespräch und fand – Mona. Sergio war Chefbademeister am Strand. Ich

hatte ihm in Speisekarten-Italienisch von meinen Laufambitionen erzählt. Sergio wirkte beeindruckt. Er war von klassisch italienischem Format, also etwa so groß wie eine Parkuhr, dafür breit wie ein Bardolino-Fass. Sein Wachturm ächzte, wenn er ihn erklomm. Eines Abends, wir wollten eigentlich die Fischplatte »Capri« kaltmachen, kam er von seinem Turm geklettert und sagte: »Wolle laufe?« Ich stutzte. Hatte ich richtig verstanden? »Keine Schuhe«, sagte ich und deutete auf meine eleganten geflochtenen Slipper vom Schuh-Discount nebenan. »Egale, am Strande«, sagte er. »Gern«, sagte ich völkerverbindend.
Wir winkten Elsa und Mona und dackelten gemächlich los. Sergio keuchte nach wenigen Metern, aber er blieb eisern. Nach einem halben Kilometer drehte er sich um. Von unseren bezaubernden Gattinnen war nichts mehr zu sehen. Sergio schwenkte hart nach links, in ein Strandcafé. Vier Bier und sechs Averna später machten wir uns auf den Heimweg. Sergio, der Fuchs, hatte Pfefferminz dabei.
Albernd trabten wir zu unseren Frauen zurück. Es fiel uns leicht, vor Erschöpfung leicht zu schwanken. Vom Trinken hatte ich einen Bärenhunger bekommen. Und noch mehr Durst. So übten wir fast jeden Abend. Das Ergebnis des italienischen Geheimtrainings waren vier Kilogramm mehr auf der Waage und eine ruinierte Form. Italien? Völlig indiskutabel dieses Jahr.
Mona würde sich alternativ noch auf eine Seefahrt einlassen, auf einem Dreimaster. Der Kahn ist gut 30 Meter lang. Aber 167-mal ums Deck dackeln, um auf einen Kilometer zu kommen, das geht auch nicht. Die Sohlen würden völlig einseitig abgerieben. Die ganze Körperstatik käme durcheinander, Fehlstellungen in Knie und Hüfte, Verletzungsherde ohne Ende. Nein, Schatz, wirklich nicht.
Wo können Ausdauersportler ohne Angst vor Diskriminierung unter einigermaßen erträglichen Wetter- und Gesellschaftsbedingungen ihrer Mission nachgehen? Um ehrlich zu sein, am besten zu Hause. Da kennt man die Köter wenigstens. Und die

Radstrecken. Neulich bin ich mit dem Zug von Berlin nach Magdeburg gefahren, Regional-Express der Linie 1, über Potsdam, Genthin und Güsen. Traumhafte Gegend. So gut wie menschenleer. Prächtig asphaltierte Straßen. Kein Verkehr. Topfeben. Wogende Felder. Das perfekte Trainingslager. Das Bahnhofshotel in Wusterwitz sah aus, als würde es bewirtschaftet. Einen Parkplatz hatte es auch. Und Satellitenschüssel. Und wenn die örtlichen Glatzen die Verfolgung aufnehmen, bekommt man noch gratis Tempotraining dazu.

»Wir sollten mal Urlaub in Deutschland machen«, sagte ich eines Abends zu Mona. Karl starrte mich entgeistert an. Mona lüpfte die Augenbraue. »Es gibt so viele schöne Ecken hier, die man gar nicht kennt«, sagte ich eilig, »auch wegen Karl, Heimatkunde ist doch ein wichtiges Fach.« Lauernd fragte Mona: »Und welche Gegend schwebt dir so vor?«

Taktisch klug arbeitete ich mit dem Ausschlussverfahren: »Also, der Schwarzwald ist überlaufen. In Bayern regiert der Irrsinn. Die Ostsee ist langweilig und Sylt zu teuer. Bleibt eigentlich nur Brandenburg. In Wusterwitz kenne ich ein tolles Hotel.« Karl verließ wortlos die Küche. Wahrscheinlich telefonierte er seine Freunde ab, um zu erkunden, bei wem er sich sechs Wochen lang würde anhängen können.

»Aber denk doch mal an die lokale Wirtschaft«, sagte ich kleinlaut und spielte meinen letzten, wenn auch erlogenen Trumpf: »Da gibt es auch Wellness, mit Klangschalen-Reiki und so was.« Doch ich wusste, dass ich verloren hatte. »Meine Wellness ist Italien«, sagte Duca Mona schroff: »Basta!« Schon gut. Aber ich trinke nur San Pellegrino mit Sergio.

ACHILLES' TIPP 37

Ferien und Sport

Wer ein wenig ambitionierter läuft, will den Urlaub natürlich nutzen, um seine Form zu verbessern. Wann kann man sonst schon zweimal am Tag trainieren? Nur: Wohin mit der Familie? Am Ende bleiben zwei Möglichkeiten. Entweder: Der Athlet steht morgens auf, während der Rest der Bande noch schlummert, und absolviert in der Kühle des Morgens sein Programm. Oder: Er nimmt sich eine Woche Auszeit und belegt mit seinem besten Laufkumpel ein Trainingslager mit professioneller Betreuung. Effektiv, aber teurer.
Variante zwei hat klare Vorteile, denn urlaubende Familie und trainierende Väter (oder Mütter) passen nicht zusammen. Es sei denn, man verfügt über das Gottesgeschenk einer gleichgesinnten Familie und teilt sich die Kinderbetreuung.

38.
SCHWEDEN-ALARM

Ab wann ist man Walker, Jogger, Läufer? Achilles hat ein einfaches Rechenmodell entwickelt.

Mit ihrem Dritte-Welt-Laden-Gesicht sagt Mona, ich sei ein Lauf-Fascho. Würde keine Toleranz gegenüber den Schwächeren und Langsameren in unserer Gesellschaft aufbringen, den Randgruppen des Breitensports. Über alle würde ich herziehen, giftig und menschenverachtend und zynisch und gemein. Immer zähle nur Leistung für mich, sagt Mona, Ergebnislisten würde ich auswendig lernen und ausschließlich an den gelaufenen Zeiten den Wert eines Individuums messen. Die ganze Menschlichkeit bleibe auf der Strecke und vor allem die Freude. Ich sei emotional verkarstet, zu tiefen Gefühlen nicht imstande, Sklave meines Brustgurtes, Gehetzter der Pulsuhr.

Ich verdrückte eine Träne, nahm meine Frau in den Arm und flüsterte ihr ins Ohr: »Du hast völlig Recht, Schatz. Wir werden sofort ein Initiativkommitee zur Wahrung der Rechte von Lahmärschen gründen: Kontinentalplatten, Wale, Walker.« Meine Frau nickte. »Aber Tatsache bleibt, dass Wellness-Trott auf ein Charakterdefizit schließen lässt«, fügte ich grinsend hinzu. Mona schnaubte und stieß mich weg. Sie wollte ein Problemgespräch führen, was leider daran scheiterte, dass ich gar kein Problem hatte. Ich fühlte mich wohl als ausdauersportlicher Gefühlsgletscher. An was kann man den Wert eines gesunden mittelalten Menschen besser ablesen als an seiner Laufzeit?

Fairerweise muss man allerdings den Quotienten bilden, also 10-Kilometer-Zeit durch Altersklasse. Mit 20 Jahren sollte der Wert etwa bei 2 liegen, also 40 Minuten durch 20 Lebensjahre, bis zur Rente darf er sich linear etwa auf 1 entwickeln, also 60 Minuten durch 60 Lenze. Alles, was deutlich darüber liegt, ist indiskutabel, oder etwa nicht? Will man mit einem gesehen werden, der mit 45 nicht mehr als einen Quotienten von 2 zu bieten hat? Das wären 90 Minuten auf 10 Kilometer. Indiskutabel. Es gibt Menschen, die schwimmen das in der Zeit.

Was uns stracks zu der delikaten Frage führt, ab welcher Geschwindigkeit Laufen eigentlich Laufen ist. Wer 100 Meter in 10 Sekunden wetzt, schafft 600 Meter die Minute, macht Tempo 36 km/h. Unsere dunkelhäutigen Marathon-Gewinner brauchen gut zwei Stunden für gut 40 Kilometer, macht 20 km/h. Wenn ich mal so richtig den Turbo auf der Bahn zünde und alles, also wirklich alles gebe, dann sind es vielleicht an einem guten Tag so um die 82 Sekunden auf 400 Meter, macht knapp unter 18 km/h. Das heißt, jeder kenianische Bezirksmeister wetzt einen Marathon schneller als ich 400 Meter. Zeit für den Angelschein.

Der Online-Apotheker Greif unterscheidet zwischen Laufen und Joggen mit dem 40-Minuten-Test. Wer 10 Kilometer schafft, sei Läufer. Der Rest Joggerpack. Bei meinen langen Läufen mache ich an schlechten Tagen schon mal deutlich unter zehn, sagen wir mal 9,3 km/h. Ich werde überholt. Wie demütigend. Ich lasse höchstens Menschen mit spitzen Stöcken hinter mir, bei denen nie klar ist, ob sie walken oder Eispapiere aus dem Gebüsch pieken. Auf jeden Fall halten sie sich nie an das Rechtslaufgebot. Im Grunewald geht es zu wie auf einer deutschen Autobahn. Keiner hält sich an meine Regeln.

Auf viel belaufenen Strecken sollte man Tempozonen einführen. Rechte Spur: alle unter 10 km/h, also Walker, die Lastwagen unter den Läufern, sowie die Cordhüte, die aus Prinzip nicht schneller

wollen oder können und die linksökologisch orientierten Energiesparer, die schnelles Laufen für ein pro-amerikanisches, also prinzipiell imperialistisches Statement halten. Auf der linken Spur dagegen wetzen Angeber, schlanke, leichte Sportwagen oder hochmotorisierte panzerähnliche Geländekarren mit hohem Gewicht, die mir physiognomisch wohl am nächsten kämen.
Einziges Problem: Wer überwacht den Verkehr? Wer stellt Blitzer auf, mit denen Langsamläufer dingfest gemacht werden, die sich verkehrswidrig auf der linken Spur tummeln? Als Kennzeichen könnte man die Startnummer vom letzten Laufwettbewerb nehmen. Als Strafe droht Ersttätern Laufschuhentzug. Im Wiederholungsfall wird Kohlehydratverbot verhängt. Und ganz schwere Fälle müssen für eine Woche ins Tempotrainingslager.

ACHILLES' TIPP 38

Jeder kann schneller

Es gibt Läufer, die trotten seit zehn Jahren auf der immer gleichen Strecke das immer gleiche Tempo. Dagegen ist nichts einzuwenden, außer: Es ist totlangweilig. Erst mit Tempo wird Laufen so richtig schön – und brutal. Wer einmal die Woche gegen die Uhr und fast bis zum Bersten der Lunge wetzt, wird auf Dauer ein besserer Läufer. Das Prinzip ist einfach: Die ersten Male absolviert man fünf- oder zehnmal 100 Meter. Dann 200, 400, nach drei Monaten schließlich 1000. Für Anfänger sind 5:30 min/1000 Meter schon ordentlich. Wer fünf- bis sechsmal den Kilometer unter vier Minuten wetzt, der kann so langsam eine Zehn-Kilometer-Zeit um die 40 Minuten anpeilen, Ungeübte sollten sich allerdings mindestens zwei Jahre Zeit lassen für solche Späßchen. Mehr Hinweise finden Sie in »Achilles' Laufberater«.

39. THESE SHOES ARE MADE FOR RUNNING

Mona hat Achims älteste Laufschuhe entsorgt. Ein Mann trauert.

In einer guten Ehe muss man sich einmal im Vierteljahr trennen wollen. Hat man länger als, sagen wir, fünf Monate nicht über Scheidung nachgedacht, hat sich garantiert eine Ehekrise eingeschlichen. Mona macht es mir leicht, sie einmal wöchentlich verlassen zu wollen. Denn sie ignoriert fundamentale Regeln. Sie tankt nie, sondern lässt mir immer die leer gefahrene Karre stehen. Haare im Abfluss – auch meine Sache. Und Mona hat viele Haare.

Letzte Woche hat sie es übertrieben. Zur Rache wollte ich sie an einer Raststätte aussetzen, einfach so. Sie hätte schon zurück nach Hause gefunden. Aber womöglich hätte sie dann irgendein Drecksbox aufgelesen. Und sie wäre mitgefahren. Wie schrecklich. Meine Mona. Einfach weg! Also sind wir doch gemeinsam in die Outlet-Mall gefahren, wo es wirklich günstige Sportsachen gibt.

Was war geschehen? Mein bezauberndes Biest von Gattin hatte in einem unerwarteten Aufräumwahn meine besten Laufschuhe einfach weggeworfen. Zugegeben, sie waren etwas speckig. Aber die Sohle war noch halbwegs in Ordnung, die meisten Nähte waren nicht mal ganz aufgerissen. Und die einstige Farbe, ich glaube, es war Senf oder so ein zarter Leberwurst-Ton, der war auch noch gut zu erkennen. Die Innensohle bestand aus drei Stücken, was man aber kaum merkte, weil sie mit der Untersohle eine chemische Verbindung eingegangen waren, die wohl was mit menschlicher Abwärme zu tun haben musste.

Jedenfalls rochen sie praktisch nicht. Ich habe sie ein Dutzend Mal in der Waschmaschine gehabt. Einmal mit Monas Unterwäsche, der guten. Dafür hätte sie mich am liebsten mit meiner kompletten Sammlung von Runners-World-Heften um den Hals von einer Autobahnbrücke geschubst, wenn ich nicht rechtzeitig zu einem langen Lauf gestartet wäre.

Es dauert ewig, bis Schuhe diese Patina haben. Die muss man sich erarbeiten, Schritt für Schritt, Pfütze für Pfütze, Fußschweißschwall für Fußschweißschwall. Solche Schuhe kann man nicht einfach wegwerfen, die werden doch heute gar nicht mehr hergestellt. Das ist wie mit dem TE 220, Jahrgang 95. Danach hat Daimler nur noch Pappkarren gebaut.

An diesen Schuhen hängt ein Läuferleben: mein erster Marathon. Meine Bänderdehnung. Die gazellengleiche Flucht vor dem Dreckskötter. Das Tom-Petty-Konzert. Ungezählte Durch- und Regenfälle. Bestimmt habe ich Mona sogar in den Schuhen geknutscht. Diese Treter erzählen von all den Aufs und Abs, den Schnells und Nochschnellers, dem harten, nie enden wollenden Asphalt, den der einsame Läufer mit zenartiger Gleichmut nimmt. Was wissen Frauen schon von uns rennenden Cowboys? Sie mutmaßen allenfalls, dass ein Läufer seine Schuhe mehr liebt als seine Frau. Stimmt ja auch.

Mona also ging mit meinen Fußfreunden ungefähr so um wie mit einer Nebenbuhlerin: Sie trat sie in die Tonne, ganz tief. Sie hatte nur nicht damit gerechnet, dass ich sie dabei beobachtet hatte, aus unserem kleinen Klofenster, das zum Hof weist. Während ich tapfer das Mantra »Hinsetzen« standhaft ignorierte, spähte ich hinaus zum Fenster und sah, wie meine Frau, sich verschlagen umblickend, um die Mülltonnen schlich. Sie weiß nicht, dass man die Tonnen von oben sehen kann, weil sie nie im Stehen pinkelt. Womit bewiesen wäre, dass Stehpinkler klüger sind, weil sie Informationsvorsprünge haben.

Ich beobachtete, wie sie mit einem Gummihandschuh etwas Senffarbenes aus einer Tüte zerrte und tief in die Mülltonne stopfte. Ich erkannte meine Lieblingsschuhe sofort, auch wenn ich sie länger nicht mehr getragen hatte. Heute kam die Müllabfuhr, Mona hatte ihr Attentat auf meine Läuferseele akribisch geplant.

Fröhlich pfeifend kam sie die Treppe hinauf, drang in mein Arbeitszimmer und fragte mit powerbar-süßem Lächeln: »Soll ich dir einen Kaffee machen, Schatz?« Ich entgegnete: »Aber gern, Liebes, ich muss nur rasch runter, eine Zeitung holen.« Draußen auf der Straße hörte ich den Müllwagen rumpeln. Ich hetzte die Stufen hinab. Es muss bizarr ausgesehen haben, als ich halb in der Mülltonne verschwunden war. Der alte Meier krächzte von seinem Kissen aus dem Fenster: »Na, suchen Se Ihre Unschuld?«, während die Müllmänner in den Hof stampften.

»Noch nicht gefrühstückt?«, fragte der Dickere. »Äh, also, mir ist da was reingefallen«, stammelte ich. Natürlich standen alle Nachbarn hinter ihren Gardinen und glotzten. Außer Mona, die kochte vorne Kaffee. »Solln wa die Tonne hier lassen? Dann könnse gründlich kucken«, fragte der Dünnere. »Nicht so wichtig«, sagte ich und klaubte mir einen gebrauchten Teebeutel vom Ärmel. Die Tonne mit meinen Lieblingen rumpelte davon. Ich hob die Hand zum letzten Gruß. Ich werde euch vermissen, meine beiden Freunde.

ACHILLES' TIPP 39

Jede Socke erzählt eine Geschichte

Wer länger läuft, bekommt zwangsläufig ein Problem namens Equipment-Overload. Ein halbes Dutzend Schuhe für unterschiedliche Untergründe, acht Hosen für diverse Klimazonen, dünne, mittlere und dicke Hemden, die sich mit den entsprechenden Jacken kombinieren lassen zu unzähligen auf Zehntelgrade abgestimmten Zwiebelschichten. Und die Mützen, die Brustgurte, die Vaselinepötte, Power-Gel-Beutel vom letzten Jahr, die Regenjacke, etwa ein Dutzend Socken, Stirnbänder, Sicherheitsnadeln, der Zeitmess-Chip, ach ja, und die Finisher-T-Shirts von allen Wettbewerben.

Schon richtig: Man wird nicht alle diese Klamotten jemals wieder tragen. Aber darum geht es auch gar nicht. Es sind die Erinnerungen an große Siege oder heldenhafte Niederlagen. Jede Socke erzählt eine Geschichte. Wenn beim allerbesten Willen kein Platz mehr ist, hilft nur ein radikales Gesetz: Für jedes neue Teil muss ein altes in den Müll. Schmerzhaft, aber wirkungsvoll.

40.
RENNER NACH MASS

Im Internet kann sich der Freak seine Turnschuhe zusammenbasteln. Aber wer will schon aussehen wie ein Papagei.

Ich bin traurig. Einsam. Sie sind fort. Mona hat uns auseinander gerissen, meine schönen, gar nicht so alten Laufschuhe und mich. Ich summe eine der immer gültigen Weisen von Peter Maffay: »Und wenn Schuh geht, dann geht auch ein Teil von mir ...«
Ich bin zu traurig zum Laufen. Ich überlege, wie ich mich an Mona rächen kann. Ihre guten Stilettos passen nicht in die Moulinette. Glück für sie. Eigentlich gibt es nur einen Weg, mich aufzuheitern. Es ist das Einzige, was Frauen und Sportler gemeinsam haben: Sie sind Fetischisten, die Trost und Erregung nur beim Schuhekaufen finden.
Schon seit längerem will ich mir meinen eigenen Schuh im Internet bauen. Jeder kann sich dort sein privates Modell zusammenbasteln. Die Dinger sind nicht schön, aber teuer und total besonders. Ähneln den Beuteltretern, die der Wirt trägt, der immer »Kuckuck« macht in »Asterix bei den Schweizern«. Der fortgeschrittene Athlet trägt sie in der Freizeit, zur Regeneration. Die Hacke sieht aus wie eine kenianische Ferse nach 80 000 Kilometern barfuß auf Savannenboden, platt und breit. Die Sohle besteht aus unzähligen Einzelteilen. Laufen darauf fühlt sich bestimmt an wie auf einem Grillrost. Egal, ob die Dinger taugen:

Ich muss sie haben. Ich werde mir das ultimative Paar bauen. Einziges Problem: Woher soll ich meine Größe wissen? Also muss ich doch ins Geschäft.

Der Laden ist kein Laden, sondern ein Dom. Bilder von Sportlern, zwanzig Meter hoch, Ikonen des Körperkults. Helden mit Muskeln, umspannt von pornös engen Trendklamotten. Ich bin klein und dick. Wo sind die Asterix-Treter? Ich will raus. Alles zu perfekt hier.

Das ist der Grund, warum ich viel lieber im Laufgeschäft einkaufe. Reelles Linoleum auf dem Boden, überwiegend erträglich gelaunte Verkäufer, die meist etwas Ahnung haben, und an der Kasse keine gepiercten Ost-Bräute mit sattem Karminrot im Haar. Immer gibt es Sonderangebote hier und Leute, die noch älter, fetter und langsamer aussehen als ich.

Im Showroom der Makellosen sind dagegen alle jünger als ich, fitter und rennen mit bunten Gummibändern am Arm umher. Einst trug man Transparente, wenn man der Welt was mitzuteilen hatte, was die gar nicht wissen mochte. Früher Rinderwahn, jetzt Bekennerwahn, mit Weckgummis. Weiß für Afrikaner und schwarz dagegen. Oder umgekehrt. Braun für die Sächsische Schweiz und Rot für Gysi. Grün für das Moos auf Jürgen Trittin. Manche tragen auch schwarzrotgelb: für Afrikaner, Gysi und gegen Inkontinenz. Demo light, prima Sache. Nächste Stufe des Protests sind bunte Hosentaschenfutter. Dann sieht es wenigstens keiner mehr.

Ich will ein goldenes Gummi, das heißt: Platz da für Power-Laufklamotten-Shopper. Ich habe mich in den ersten Stock vorgekämpft. Die bauchfreie Verkäuferin mit dem exotischen Blick lächelt mich an, dass ich, also, ääh … »Schuhe«, stammle ich. »Ham wa«, entgegnet sie mit Thüringer Schmelz. Ich wette, sie heißt Mandy. »Free«, flüstere ich, »Größe 45.« Die Dinger passen auf Anhieb. In einem Moment, als Miss Mandy Thüringen gerade wegschaut, mach ich mich aus dem Staub. Ich will mir doch meinen eigenen Schuh bauen.

Zu Hause gleich an den Rechner. Sieben Grundfarben, da fällt die Entscheidung nicht so schwer. Obsidian, Eis oder Mint – eigentlich alles. Geht aber nicht. Also Eis. Für coole Typen. 19 Farben Innenfutter. Chrom-Gelb? Pink-Eis? Oder Clementine? Ich nehme Sport Royal. Klingt edel.
Seitenteil, ebenfalls 19 Optionen. Ich mache die Augen zu und fahre mit der Maus umher. Sie bleibt auf Piment stehen. Das Display zeigt mein Modell an. Grausam. Wie Ronald McDonald. So geht das nicht. Ich klicke mehr schwarz und weiß herbei. Schnürsenkel vielleicht doch in Limone, als verwegener Farbtupfer? Nee, sieht aus wie Bill Kaulitz. Alles zurück auf weiß. Die Sohle sowieso. Und noch ein bisschen schwarz. Fertig. Geht doch.
Hmm, toller Erfolg. Kaum ist eine Stunde rum, habe ich am Bildschirm ganz allein einen schwarzweißen Turnschuh zusammengefrickelt. Hätte ich im Laden in der halben Zeit bekommen. Und vor allem gleich mitnehmen können. So dauert es vier Wochen. Und Mandy ist auch nicht da.
Dafür kommt der Morgen, an dem der Paketbote klingelt. Ich werde den Karton entgegennehmen, vor Monas Augen die neuen Fußschmeichler auspacken und liebkosen. »Schon wieder neue Laufschuhe«, wird sie zetern, »du hast doch mindestens sieben Paar.« – »Acht«, werde ich sie lässig korrigieren. Sie wird grün werden vor Ärger. Der Kampf geht weiter.

ACHILLES' TIPP 40

Überschätzt: Schuhe

Gerade Anfänger wollen immer wissen, welche Schuhe sie denn nun anschaffen sollen. Achilles ist sich sicher, dass die Schuhfrage bei weitem überschätzt wird, sofern man nicht 50 Kilometer und mehr die Woche rennt oder tatsächlich massive Fuß- oder Hüftprobleme hat. Dann hilft sowieso nur der Orthopäde, am besten in Zusammenarbeit mit einem guten Schuhmacher. Für alle Normalläufer reichen ein paar günstige Treter allemal. Aber Hände weg vom Discounter-Schuh. Die meisten Fachgeschäfte bieten ebenfalls bezahlbare Einsteigermodelle an. Für einen Beitrag im Frühstücks-Fernsehen durfte Achilles mal Schuhe durchsägen. In der Tat ein gewaltiger Unterschied, wieviel Hightech Qualitätsmarken im Sohleninneren zu bieten haben; die Billigtreter dagegen nur Wabbelschaumstoff.

Bevor man sich das Luxusmodell für 150 Euro aufschwatzen lässt, tut es ein Neutralschuh für deutlich unter 100 Euro auch. Dann lieber bald das zweite Paar anschaffen. Wechselnde Schuhe dankt der Fuß auf jeden Fall.

41.
BEIM ERSTEN MAL TUT'S IMMER WEH

Der Marathon rückt näher. Die Angst wird größer. Hat der Athlet an alles gedacht? Schafft er die Strecke? Wochen der Albträume.

Das Publikum tobt. Ich laufe in ein Meer von Kameras. Direkt vor mir ein Afrikaner. Ich blicke auf die Zeitnahme: 2:04,13h. »Weltrekord!«, brüllt Kommentator Hiepen. Ich reiße die Arme empor. Es regnet Blumen, Teddybären, schweinefleischfarbene Unterwäsche, noch warm.
Doch was ist das für eine Stimme? »Passagiere für Lufthansa Flug LH 4794 nach Heathrow bitte zum Terminal 4.« Die Zeitnahme ist eine Abflugtafel. Der Afrikaner steht am Check-In. Er hat den Marathon vor Stunden beendet und fliegt zum nächsten Lauf. Und ich liege auf der Strecke in der Nähe des Ohlsdorfer Friedhofes im Unterzuckerdelirium. Kräftige Rot-Kreuz-Kerle wollen mich auf eine Trage heben. Ich schlage um mich. Lasst mich los. Ich kann allein laufen. Ich will ins Ziel. Ins Ziel. Ziieeel ...
Patsch. Mona kniet über mir. Sie hat mir eine gescheuert. »Achim, es reicht«, knurrt sie. »Es ist halb vier, und du strampelst schon die dritte Nacht wie ein Vollidiot.« Die Frau ahnt nicht, wie es in einem Debütanten wütet. Seit Wochen erzählt sie überall herum, dass ihr Achim in Hamburg Marathon läuft, und zwar in dieser stolzen Ehefrauentonlage, als sei ich der schwarze Schöneberger.

Ich bin einer der lahmsten von fast 40 000 Startern, aber alle im Haus denken, ich sei gut. Ich habe die Wohnungstür noch nicht geöffnet, da fällt mich Frau Moll an, Supi-Roland oder eine von den Schwuletten: Welche Zeit? Gut trainiert? Sehen wir dich im Fernsehen? Wie heißen die anderen Favoriten? Preisgeld? Weiß ich doch nicht. Hauptsache ankommen, sage ich sehr ernst. Aber alle glauben, das sei kokett. Wer den ersten Marathon läuft, sollte keinem davon erzählen, vor allem nicht seiner Frau. Ich werde allein fahren. Napoleon hätte sich in Waterloo auch weniger Zeugen gewünscht.

Halt gibt mir nur meine Checkliste. Ich habe die gesamte Fachliteratur durchforstet. Leider ist nur auf eines Verlass: Die Widersprüche. Seit Tagen spiele ich alles immer wieder durch.

Training

Gröber gestrickte Trainer sagen, man könne drei Tage vorher ruhig noch mal ordentlich Gas geben; Herbert »Vanilletee« Steffny schwört auf Schonung. Und ich? Zockel durch den Volkspark. Alles tut weh. Ich werde absagen. Bei Ebay kann man Startplätze versteigern.

Socken

Die ideale Marathon-Socke ist nie frisch, sondern sorgfältig eingeschweißt. Steht das Ding von allein, ist das Verhältnis von Gewebe und Körpersäften optimal.

Visualisierung

Der zu Recht völlig unbekannte Buchautor Ole Petersen rät, man solle statt Training die Strecke in Gedanken laufen. Totaler Flop. Erstens habe ich nicht so viel Zeit und zweitens sehe ich bei geschlossenen Augen nur Techniker, die nachts die Zeitnahme abmontieren. Von weitem schwanke ich heran.

Kohlehydrate
Alle reden von Carbo-Loading. Morgen werde ich mich bewusstlos hungern, das soll die Speicher weiten. Dann vier Tage den napolitanischen Rekord im Dauernudelschlingen einstellen. Und am letzten Abend eine Pizza mit Schinken, Pilzen, Paprika, weil da Wunderstoffe drin sind, Chrom und solche Sachen. Kann man notfalls auch unterwegs von einer Stoßstange schlabbern.

Rennverpflegung
Ich trau den Carbo-Weisheiten ja nicht. Deswegen werde ich auf den ersten zehn Kilometern eine Trinkflasche mit honiggesüßtem Apfelsaft mitführen, um die Speicher voll zu halten. Dann alle fünf Kilometer einen Beutel Powergel (Apfel-Guarana). Die Beutel tragen aber unvorteilhaft auf und pieken in mein zartes Hüftfleisch.

Untenrum
Der Apotheker meines Vertrauens hat mir eine Wunderwaffe zur Darmerleichterung verraten: »Mikroklist« heißt die Plastiktube mit dem extra langen Rüssel. In der Nähe von Sanitärkeramik aufhalten, Luft anhalten, bücken und an die FDP denken. Die gute Nachricht: Das Zeug pfeift wie ein ICE durch den Tunnel. Die schlechte: Manchmal kommt es zu Verspätungen.

Nippelgate
Warum tragen manche Läufer zwei rote Punkte auf der Hemdenbrust? Japanische Zwillinge? Demonstrieren die für irgendwas Gutes, wie fast alle dieser hechelnden Weltverbesserer? Nein, schlimmer: Solche Sportsfreunde sehen sich als Nachfahren von Jesus – Marathon ist ihr Kreuzweg, sie leiden gern vor Publikum. Sie haben sich die Brustwarzen blutig gescheuert und damit es jeder sieht, tragen sie helle Hemden. Einziger Vorteil: Es lenkt vom Schmerz in den Beinen ab. Pflaster halten nur, wenn keine Haare sprießen. Leider trage ich das einzig nennenswerte Fell aus-

gerechnet auf diesen Quadratzentimetern, was für Mona einer der Hauptgründe war, sich auf mich einzulassen. »Behaarte Männer im Schwimmbad, das sieht aus, als treibe da eine Fußmatte«, sagt sie. Rasieren ist lebensgefährlich. Vaseline? Ich werde die Literatur noch mal konsultieren.

Schuhe
Achtung, Glaubenskrieg! Weiche Sohlen schonen die Beine, aber man denkt, man tritt in Quark. Knallharte Bereifung sorgt für den Punch, aber manchmal auch für frühen Knockout. Ich werde mich erst im letzten Moment für die Reifenmischung entscheiden, je nach Temperatur und Regen/Sonne.

Marschtabelle
Ausnahmsweise Einigkeit bei den Gurus. Nicht zu schnell starten. Will ich unter vier Stunden bleiben, und jeder will unter vier Stunden bleiben, muss ich 239,9 (Minuten) durch 42,2 (Kilometer) teilen, was 5:41 min/km bedeutet.

Die Form
Nie war ich kaputter. Beine aus Blei. Die Lunge hat das Volumen eines japanischen Kondoms. Brustwarzenziepen. Will schlafen. Aber vorher betrinken. Dann merke ich auch nicht, wenn Mona mich schlägt. Morgen suche ich mir einen Schachklub. Achilles, du Schwachmat, nenn mir nur einen Grund pro Marathon. Es gibt keinen.

ACHILLES' TIPP 41

Mentale Folter

Die Wochen vor dem ersten Marathon sind grausam. Die Angst wächst. Die Zweifel erst recht. Natürlich hat man nicht genug trainiert, unklug gegessen, zu viele Kilos auf den Rippen, die falschen Schuhe. Alles ist furchtbar. Der Novize überlegt, wie er sich am elegantesten aus der Affäre zieht. Eine Verletzung? Abmelden? Nein, der Stolz ist stärker.

Am wichtigsten ist eine goldene Regel: Nichts beim Marathon ausprobieren, was man nicht ausgiebig vorher getestet hat. Klassischer Fehler: In nagelneuen Schuhen zum Marathon, wegen der perfekten Dämpfung. Bei Kilometer 12 schwillt die Blase am Fuß, bei Kilometer 21 platzt sie und zehn Kilometer später der Läufer.

Ein weiterer Fehler: Zu lange zu hart trainieren. Wer bis wenige Tage vor dem Marathon noch viele schnelle Kilometer schrubbt, der darf sich nicht wundern, wenn die gefühlte Form eher mittelmäßig ist. Die Fachliteratur ist sich einig, dass die letzte Woche vor dem Start auf jeden Fall nur noch verhalten gelaufen werden sollte.

42.
WIE ICH DEN HAMBURG-MARATHON ÜBERLEBTE

Achim Achilles ist tatsächlich beim Hamburg-Marathon gestartet. Und wie. Tausende Läufer rannte er in Grund und Boden. Und Zehntausende ihn. Das Protokoll eines zwiespältigen Vormittags.

Seit Sonntagabend habe ich die Wohnung nicht mehr verlassen. Der Einzige, der mich seither gesehen hat, war ausgerechnet Supi-Roland. Er kam die Treppe hinabgehüpft, als ich mich, auf Karl und Mona gestützt, aus dem Auto kippen ließ, wie ein Spätheimkehrer von der Ostfront. Die Gesichtsfarbe spielte ins Mehlig-Mozzarellahafte. Ich wollte Roland ein paar Souveränitäten entgegenschleudern, aber es kam nur trockenes Grunzen. »Achim war super«, sagte Mona vorsorglich. Zum ersten und einzigen Mal in seinem verpfuschten Leben kapierte Roland, dass er einfach nur die Schnauze halten sollte.

Seitdem liege ich im Bett. Wo früher Beine waren, herrscht Ziehen und Brennen und Wringen. Beinpein und Blase stehen in stetem Kampf. Erst wenn der Wasserdruck die Stärke 17 auf der Niagara-Skala erreicht hatte, schleppe ich mich Richtung Keramik. Sitzen geht nicht. Die Schilderung weiterer Details würde die Menschenwürde verletzen.

Marathon macht stur und blöd und krank, an Bein und Birne. Monatelang hatte ich nur diesem Sonntagmorgen entgegengelebt. Am Morgen hatte ich es sogar mit »Mikroklist«, der Wunderwaffe gegen überfüllte Eingeweide, versucht. Kein Busch war fortan klein genug, als dass ich mich auf dem Weg zum Start nicht hineingeschlagen hätte. Es half nichts. Das Adrenalin krempelte meinen Magen um.

Ich fühlte mich wie eine Backpflaume, als ich über die Absperrung in den Startblock HLV C kletterte. Um mich herum roch es nach Hering. Ich war in den Betriebsausflug eines dänischen Altersheims geraten. »Hej«, sagten alle mit provozierendem Grinsen und hüpften wie die tanzenden Bohnen in der Muppet-Show. Wahrscheinlich kommen Dänen zum Laufen nach Hamburg, weil ihr Zwergstaat zu kurz ist für einen Marathon. »Wir wollen 4:15 Stunden laufen«, verkündete ein drahtiger Mittsiebziger. »Wenn du's noch erlebst, Opa«, dachte ich und nickte völkerverständigend. Der Startschuss war schon vor Ewigkeiten ertönt, aber die Scheintoten aus Block HLV C durften erst 15 Minuten später auf die Strecke.

Endlich kamen die Heringe auf Trab. Wildes Piepen der Zeitnahmematte. Kein Zurück mehr. Eine Weile blieb ich bei den Dänen. Sechs Minuten den Kilometer, das erschien meiner Form angemessen. Am Anfang zu schnell, vorm Ende tot, lautete die Regel. Aber der Däne erwies sich bald als ultrapatriotische Nervensäge. Wo immer sie etwas Rotweißes entdeckten, blieben sie stehen, rissen die Arme in die Höhe und brüllten etwas, das klang wie »Pölser-Olé«: vor Stoppschildern, Vodafone-Reklamen, Rotkreuzwagen und Pommesschalen.

Mit dem stillen Selbstbewusstsein, das den Vertreter der papststellenden Nation ziert, zog ich bei Kilometer 16 davon, auf dem Jungfernstieg, vor begeistertem Publikum. Auf der langen Geraden zum Flughafen hatte ich den 4-Stunden-Tempoläufer entdeckt, einen guten Kilometer vor mir. Da musste ich ran.

Bis Kilometer 32 lief alles ordentlich, auch wenn ich zu langsam war. Die Dänen hatten mich eingelullt. Plötzlich merkte ich, wie ich immer häufiger auf die Uhr blickte, einfach so, als ob da Ret-

tung sei zwischen den digitalen Zahlen. Aber die Ziffern sagten mir nichts. Im Kopf war kein Blut mehr. Alles leer, dumpf, Kartoffel.
Dann plötzlich der Filmriss. Ich kann mich an nichts erinnern außer an ein »Aua« bei jedem Schritt. Beine wie T-Träger, laufende Dampframme. Butter im Knie. Meine auf sexy geschnittene Hochleistungshose hatte mir eine Fleischwunde in beide Oberschenkel geraspelt. Was mal eine Zunge war, fühlte sich plötzlich so pelzig an wie ein Pudelbein. Jeder Fuß zur Calzone aufgequollen. Hoffentlich lief kein Blut aus dem Schuh. Dänen würden kommen und La Ola machen.
Irgendwann muss ich ins Ziel getaumelt sein, nach ungefähr 4:20 Stunden, immerhin unter den ersten 10 000. Ein Sanitäter kam auf mich zugestürzt und fragte, ob alles okay sei. Nein, zum Teufel, überhaupt nichts ist okay. Ich bin so gut wie tot. Mona stand hinterm Zielzaun und sah mich besorgt an: Dieses Wrack war einmal ihr knuddelweicher Mann gewesen. Irgendwer hängte mir eine Medaille um. Veräppeln kann ich mich selbst. Ich war zu schwach, ihn mit dem Bändsel zu erwürgen.
Ich verfluchte den Marathon und jeden einzelnen dieser gut 18 000 Spinner. Das hatte mit Wohlbefinden nichts zu tun. Marathonläufer sind Selbstdarsteller, Autoerotiker, die sich daran aufgeilen, von Hamburger Hausfrauen bejubelt und in ihrer Firma am nächsten Tag bewundert zu werden. Marathon ist die bekloppteste Form der Onanie, viel zu lang und viel zu schmerzhaft. Mona hievte mich auf die Rückbank, wo ich bis Berlin durchröchelte. Seit diesem Tag hat Karl jedweden Respekt vor seinem Vater verloren. Das war mein erster und mein letzter Marathon, garantiert.
Auch wenn mein kleines Marzipan-Mönchen als Krankenschwester eine Wucht ist, werde ich morgen versuchen, wieder am normalen Leben teilzunehmen. Ich werde eine Aufständischen-Gruppe gründen, die Marathon-Ade-Fraktion (MAF). Die notfalls mit Waffengewalt durchzusetzenden Forderungen: Nie-

der mit der Marathon-Diktatur, keine Läufe mehr über 20 Kilometer, Isolationshaft für alle zellulitischen Weiber, die mich je überholt haben. Von der Kuppel des Reichstages werde ich getragene Laufsocken in den Plenarsaal werfen. Und dann? Werde ich Genussläufer. Wellness-Jogger. Zum ersten Mal will ich bei diesem Irrsinn auf Schaumsohlen so etwas verspüren wie – Spaß.

ACHILLES' TIPP 42

Mythos Marathon

Es mag ja sein, dass es Leute gibt, die dem Lauf über 42 Kilometer irgendeinen Genussaspekt abgewinnen. Achilles kennt keinen. Es ist immer das Gleiche: Die ersten 25 bis 30 Kilometer rollt es gut, das letzte Viertel tut vor allem weh. Wer das nicht weiß, ist überrascht. Wer es öfter probiert, gewöhnt sich daran.

Muss Marathon also unbedingt sein im Leben eines Hobby-Läufers? Natürlich nicht. Aber toll ist es trotzdem. Marathon kann man sich eben nicht kaufen oder stellvertretend erleben. Jeder, der über diese Strecke kommen will, muss trainieren, ob Vorstand oder Tennislehrer. Vor dem Marathon sind alle gleich, er ist eine urdemokratische Angelegenheit. Notwendig ist er trotzdem nicht.

43.
DAS GROSSE SCHWARZE LOCH

Die große Leere nach dem Marathon. Was tun mit der vielen freien Zeit? Einfach so loslaufen, ohne Plan, ohne Panik vor 42 Kilometern? Das geht nicht. Ohne Schiss kein Schritt zu viel. So funktioniert der Läufer manchmal.

Die Angst vorm Marathon hatte mich strukturiert: Jeder Bissen, jeder Atemzug, jede freie Sekunde, jede Vitaminpille, jeder Gedanke, alles drehte sich um die viereinhalb überflüssigsten Stunden meines Lebens. Es gab keine Zeit nach, immer nur die vor dem Laufen: Kaum hatte man die Schuhe abgestreift, die käsigen Socken abgepellt und einen Blick auf die schrumpeligen Zehen geworfen, da meldete sich auch schon der General namens schlechtes Gewissen: »Das war ja nicht so doll heute. Morgen musst du mehr trainieren, härter. Schneller sein. Dünner sein. Gestern hast du schon geschwänzt.«

Und jetzt? Plötzlich liegt alles hinter dem Marathon. Vor mir ist nur ein großes schwarzes Loch. Und dieses Gefühl, jämmerlich versagt zu haben. Mehr als 260 Minuten – welch eine Schmach. Narbe, Stigma, Kainsmal. Ich hasste jede Sekunde, die über vier Stunden lag. Sekunden sollte man abschaffen. Und Minuten gleich mit. Diese kleinen Zeiteinheiten sind wie Steuerprüfer: Kaum sind sie da, verhält man sich hektisch und absonderlich. Schade, dass wir im Erdgeschoss wohnen. Der Sprung aus dem

Fenster könnte mich nur umbringen, wenn ich mit dem Ohr an einer von Monas Rosen hängen bleibe und sie mich daraufhin erschießt. Was sollte ich mit meinem Leben anfangen? Lesen? Aber Bücher ohne Trainingspläne interessieren mich nicht. Musik hören? Dexy's Midnight Runners vielleicht. »Runaway« von Linkin Park? Oder Tom Petty: »Running down a dream«? Mona sagt, ich soll die Musik leiser machen. Ich langweile mich.
Vielleicht sollte ich mal wieder mit meiner Frau reden? Aber worüber? Die letzten Monate hatten wir keinen Satz gewechselt, der nicht mit Laufen zu tun hatte.
Ich: »Wo sind meine Laufsocken?«
Sie: »In irgendeinem deiner verkeimten Klamottenhaufen, die überall rumliegen.«
Ich: »Willst du einen drahtigen Mann oder nicht?«
Sie: »Bring Brötchen mit.«
Drei Kilogramm habe ich allein in dieser Woche draufgepackt. Bestimmt nur Wasser. Ich will trotzdem nicht laufen. Meine Knie tun weh. Alles tut weh, wenn kein Wettbewerb droht. Aber ich will auch nicht nicht laufen. Ich fühlte mich wie eine Frau: Das Leben als Strudel steter Widersprüche. Klare Sache, ich bin schizophren. Und laufabhängig. Sollte ich eine Drogenberatung konsultieren? Wo war die Selbsthilfegruppe »Lerne leben ohne laufen«? Leider war ich viel zu schwach, um aufzustehen, sogar zu schwach zum Denken. Ich hatte eine Motivationskrise. Herrlich.

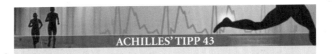

ACHILLES' TIPP 43

Immer heiter, immer weiter

Der Marathon bedeutet einen nicht zu unterschätzenden Einschnitt in das Läuferleben. Ein großes Ziel ist erreicht, ein Ziel, auf das in den letzten Monaten das ganze Leben ausgerichtet war.
Und jetzt? Leere. Einsamkeit. Schlechte Laune, rapide Gewichtszunahme, jeden Tag die Sinnfrage: Wozu ist man auf der Welt, wenn nicht zum Marathontraining?
Nicht wenige Zeitgenossen stellen ihre sportlichen Ambitionen nach dem Marathon schlagartig ein, um nach wenigen Monaten wieder so auszusehen wie am Beginn ihrer Läuferkarriere.
Der entscheidende mentale Schritt ist, das Laufen als Lebensaufgabe zu begreifen, um die man sich mal mehr, mal weniger, aber kontinuierlich kümmert.

44.
HAWAII, ICH KOMME!

Man muss Ziele haben, sonst droht Lethargie. Vor dieser Gefahr ist auch Achim Achilles nicht gefeit. Deshalb hat der Marathonheld jetzt sein nächstes großes Abenteuer in Angriff genommen: Triathlon.

Mona ist eine Schlange. Sie steckt mit Klaus Heinrich unter einer Decke. Die beiden wollen mich leiden sehen. Sie wollen sich amüsieren, wenn ich ersaufe. Ich soll Letzter werden oder gleich im Notarztwagen durchs Ziel rollen. Und alles nur, weil ich mich ein paarmal spaßig über Karl Heinrich und seine Baby-Triathlons ausgelassen habe. »Berliner Volkstri« mit 700 Meter Schwimmen, 20 Kilometer Radfahren und 5 Kilometer Laufen. Oder »Holsten-Cityman« in Hamburg, mit doppelter Distanz. Kinderkram, habe ich gesagt, den absolviert ein Marathonmann auf einem Bein vorm Frühstück.

Zu meinem Geburtstag neulich, bei dem ich wieder mal Mitte 40 geworden bin, hatte Mona tatsächlich in eine ihrer zahlreichen Handtaschen gegriffen und mir die Polar S625x spendiert. Der Porsche unter den Chronometern, der das Walkerpack im Grunewald wissen lässt: Hier ist einer, der es ernst meint mit dem Sport, ihr Bausparer.

Leider braucht man ein Ingenieursstudium, um das Ding zu kapieren. Außerdem ist die Batterie am Schuhsensor leer. Die Be-

dienungsanleitung hat über 100 Seiten und erklärt nur Sachen, die niemand wissen will. Wahrscheinlich sind die Finnen nur Pisa-Weltmeister geworden, weil sie schon im Kindergarten Polar-Gebrauchsanweisungen auswendig lernen müssen. Und wer sie noch komplizierter machen kann, wird in die erste Klasse versetzt. Beim nächsten Kreuzbandriss werde ich mich damit beschäftigen. Mona zuliebe habe ich sie trotzdem umgebunden. Die gute, alte einfache M5 hatte ich in der Tasche.
Um beim Erwerb der S625x keinen Fehler zu machen, hatte Mona Klaus Heinrich konsultiert. Das elende Großmaul hatte natürlich sofort mit seinen Triathlons angegeben. Und so war ein weiteres Geschenk entstanden, das ich lieber gar nicht bekommen hätte: ein blutroter Umschlag. Und darin? Ein Startplatz für den »Holsten-Cityman«.
»Triathlon hast du dir doch gewünscht, oder?«, fragte Mona. Woher das plötzliche Verständnis? Willst du wirklich noch mehr pilzige Klamotten in der Bude, klackernde Radschuhe auf dem Parkett, Bananenreste überall, Badehosen voller Entengrütze?
»Du hast zwei Monate Zeit«, sagte Mona, »und du hast doch immer behauptet, dass du Karl Heinrich platt machst. Freust du dich denn gar nicht?« Doch doch Schatz! Natürlich, Liebes!
Warum konnte ich auch mein verdammtes Maul nicht halten. Ich kroch in den Keller. Hinter Wänden von Kartons, dem Camping-Krempel und den Ikea-CD-Regalen, da glänzte mein Rennrad: Winora, 12-Gang, so gut wie neu. Eine Maschine, die mich in der Studentenzeit wie der Wind durch die Stadt getragen hatte. Aber wo waren die Reifen geblieben? Nur noch Krümel. Ich zerrte das gute Stück nach oben in den Hof. Ein paar neue Schlappen, ein Pfund Butter auf die Kette und schon geht er ab, der Achim.
Bei Tageslicht sah das Maschinchen allerdings etwas mitgenommen aus. Woher kam der Knick im Rahmen? Ich hatte wohl vergessen, wie ich 1986 leicht bedudelt in die Baustelle gebrettert war. Supi-Roland von oben kam vom samstäglichen Waschstraßen-Besuch und meckerte sein albernes Werber-Lachen. »Achim,

du hast eine sensationelle Erfindung gemacht«, prustete er, »das Rad, das man nicht mehr abschließen muss. Das will nämlich keiner klauen.«

»Dann leih mir doch deins«, entgegnete ich. Wie jeder Reklamefuzzi hatte Roland sich im einstigen Jan-Ullrich-Wahn ein Rennrad gekauft, seinen breiten Werberhintern aber höchstens dreimal über den Sattel lappen lassen. Zu anstrengend. Seither stand die Angeberkarre im Keller. »Aber nur geliehen«, sagte er. »Hast du nicht auch noch einen Neopren-Anzug?«, fragte ich. Roland hatte. Aus dem Jahr vorher. Als er auf dem Surfer-Trip war. Eine Trend-Schlampe im Haus ist Gold wert.

Am Nachmittag fuhr ich an die Krumme Lanke, Rolands Neo diskret in einer Sporttasche verpackt. Leider war ziemlicher Betrieb am Ufer. Also ab ins Unterholz, umziehen. Aber die elende Pelle war zu eng. Der Reißverschluss klemmte. Und ausgerechnet jetzt musste so ein dämlicher Schnüffelköter kommen. Herrchen pfiff das Vieh hektisch zu sich und gaffte. »Zum Schwimmen«, erklärte ich. Er glaubte mir kein Wort und hielt mich für einen Perversen. Ich watschelte ans Ufer. Die Kinder im Sand kreischten. Ich plumpste ins Wasser. Das letzte Mal war ich in der Schule mehr als 100 Meter geschwommen. Im Urlaub gehörte ich zu der Sorte der Schnell-aber-wenig-Krauler, die sich nach dem fünften Zug elegant auf den Rücken drehten und eine Fontäne in die Luft spien.

In Rolands Gummi war schon nach dem dritten Zug Ende. Ich konnte die Arme nicht bewegen. Das Ding war eine Zwangsjacke. Mit den Beinen paddelte ich die viereinhalb Meter zurück ans Ufer. Es war nicht viel, aber eine erste Bewegung in Richtung Hawaii. Es pochte wieder, das alte Kämpferherz.

ACHILLES' TIPP 44

Vom Marathon zum Triathlon

Wer sich länger als 40 Kilometer in gut vier Stunden fortbewegen kann, der schafft auch einen kleinen Triathlon. Im Sommer ist das Triple aus Schwimmen, Radfahren, Laufen eine willkommene Abwechslung. Der Rücken wird entlastet, Gelenke und Sehnen außerdem, der Trott des Dauerläufers wird durchbrochen. Provinz-Wettbewerbe, auf denen Anfänger meist willkommen sind, werden jedes Wochenende irgendwo angeboten, sind jedoch sehr schnell ausgebucht. Während Läufer mit dem Radfahren über 40 Kilometer keine größeren Probleme haben dürfen, so stellt das Schwimmen den Hobby-Athleten doch vor neue Herausforderungen. Ein paarmal sollte man den kontinuierlichen Zug über 1 bis 1,5 Kilometer schon geübt haben.

45.
»IGITT, SAUKALT!«

Echte Triathleten kennen kein Pardon. Sie trainieren wie die Wilden. Frau und Kind? Egal, die stören nur. Damit die Lieben nicht rebellieren, sondern brav spuren, hilft manchmal eine geniale Finte.

Ich hatte Karl und Mona einen Ausflug versprochen, am Wochenende. Vom Briesensee hatte ich geschwärmt, seinen feinsandigen Gestaden, dem romantischen Café, der Ruhe dort im Spreewald kurz vor Cottbus. Meine Familie wunderte sich: Warum verzichtete der alte Spinner auf wertvolle Trainingszeit und wollte stattdessen ostzonale Kohlehydrathalden aufsuchen? Die Frage war berechtigt. Aber hätte ich die Wahrheit sagen sollen, dass mir meine Familie nur als Tarnung dient für einen Spionageausflug? Mona würde ich mit einem Spaziergang Arm in Arm am Strand korrumpieren und Karl mit Magnum Mandel.

Mona roch den Braten ziemlich schnell. Kaum hatten wir die Autobahn verlassen, fuhren vor und hinter uns ausschließlich Autos mit Rennrädern auf dem Dach oder im Kofferraum des Kombis. »Achim«, sagt Mona drohend, »wo schleppst du uns hin?« Ich pfiff ein fröhliches Lied und antwortete bestgelaunt: »Zum Briesensee, Schatz, dem schönsten Gewässer Brandenburgs.« Mona tippte sich an die Stirn. »Ganz Brandenburg be-

steht aus schönsten Gewässern. Warum geigen wir anderthalb Stunden durch die Gegend?«
Die Straßensperre gab deutlich zu früh die Antwort. »Huch«, sagte ich und tat überrascht. »Aha!«, sagte Mona. »O nein«, stöhnte Karl von hinten. Sie hatten mich erwischt. »Wegen einer Triathlon-Veranstaltung ist die Durchfahrt nicht möglich«, verhieß das selbst gemalte Schild, dem der Dorfpolizist daneben zusätzlich Autorität verlieh. Die Autos wurden auf eine Wiese zum Parken geschickt, ein Trecker zog die Menschen auf einem Anhänger zum See. Damit war wenigstens schon mal Karl besänftigt.
Mona schwieg und guckte wie Angela Merkel. Wir saßen auf dem Anhänger zwischen Einkaufstaschen mit Neoprenanzügen und Männern, die Adilette zum Fleece-Pullover trugen. Ihre Frauen saßen daneben, streichelten ihre Helden und redeten ihnen gut zu wie hypernervösen Galoppern vor dem Start. Sie wachten über Plastikwannen, Müllsäcke und Flaschen mit bunten Essenzen. Sie waren stolz auf ihre Männer. Würde Mona je stolz auf mich sein? Sah gerade nicht so aus.
Wer je dachte, Läufer hätten einen Sockenschuss, wird beim Triathlon eines Besseren belehrt. Die wahrhaft Bekloppten treffen sich hier. Am Strand hatten sich die ersten in ihre Großkondome gezwängt und windmühlten mit den Armen. In etwa fünf Kilometern Entfernung waren Aufblasbojen zu sehen. Ein Landkilometer ist zu Wasser objektiv mehr, viel mehr. Vor allem, wenn man die Strecke schwimmen muss. Karl steckte einen Zeh in den Briesensee. »Igitt«, schrie er, »saukalt.«
Mein Winora-12-Gang hätte im Wechselgarten alle Mitathleten angelockt. Sie hätten sich schlapp gelacht. Was der durchschnittliche deutsche Familienvater in die Verspoilerung seines 3er-BMW pumpt, das investiert der Triathlet in Kohlefasern. O Campagnolo mio. Mona steht maulig am Ufer. Sie ahnt ja gar nicht, was wir in den letzten Jahren gespart haben. Demnächst werden wir wohl ein wenig investieren müssen, schon um der Binnen-

konjunktur aufzuhelfen. Ich wollte immer schon ein zweites Konto anlegen, wegen des häuslichen Friedens.

Am Strand wurde es voller, ein Mann mit Megafon erklärte, wann wer in welcher Richtung wie oft wo entlanglaufen müsse. Ich verstand kein Wort. Noch fünf Minuten bis zum Start der ersten Gruppe: olympische Distanz, 1500 Meter Schwimmen, 40 Kilometer Radfahren und 10 Kilometer Laufen. Meine. Vielleicht. Danach die wahren Helden: Mitteldistanz, 2200, 84, 20, die Hälfte von Hawaii. Nur viel kälter. Und in Ostdeutschland.

»Wir gehen jetzt Kaffee trinken«, befahl Mona. »Liebes, nur noch den Start«, flehte ich. Ich sah Hunderte schwarzer Würste in brodelndem Wasser, dann zogen mich meine Lieben davon. Ich musste durch einen Wald spazieren gehen, zu einem Ausflugslokal. Karl hatte sich zwei Stöcke genommen. »Wie Walker«, sagte er stolz, weil er dachte, eine erwachsenengerechte Bemerkung gemacht zu haben. »Lass das«, fauchte ich, »damit macht man keine Scherze.«

Zwei Tassen lauwarmen Kaffee, eine Tonne Glibberkuchen und stockende Gespräche später kamen wir zum Ziel zurück. Menschen fielen von Fahrrädern, Menschen sprangen auf Fahrräder, Helfer wedelten mit Fahnen, Partnerinnen kreischten, Trinkflaschen flogen durch die Luft. Manche liefen in textiler Notation die Straße entlang, ausgesprochen zügig übrigens.

Zum ersten Mal hellt sich Monas Miene auf. »Das sind aber knackige Jungs«, sagt sie. Offenbar erinnert sie sich an ihren gut gebauten Jugendfreund Carsten. »Schwimmen bringt's halt für oben rum«, erkläre ich fachmännisch. »Du kannst nicht schwimmen«, entgegnet Mona. »Für dich würde ich's trainieren«, sage ich. Meine Frau lacht. Mal sehen, wie lange.

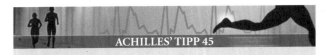

ACHILLES' TIPP 45

Triathlon – der Familienspaß

Laufen allein ist für Partner und Kinder eine fade Angelegenheit. Gelegentlich kommt Papi vorbeigehechelt, die Familie zwingt sich zu Spontan-Euphorie, und der Sonntag ist im Eimer. Triathlon dagegen ist ein familienfreundlicher Sport. Im Strandbad, wo der Schwimmstart ist, kann die Familie faulenzen. Und in der nahen Wechselzone kommt das Familienoberhaupt, je nach Kurs, drei- bis achtmal vorbeigewankt. Kennt man die Durchlaufzeiten des Athleten, kann sich die Gattin zeitnah aus dem Liegestuhl erheben, kurz pflichtjubeln und zurück in die Liege.

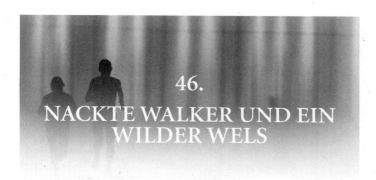

46.
NACKTE WALKER UND EIN WILDER WELS

Triathlon ist eine tolle Sache. Leider gehört zum härtesten Sport der Welt auch die Teildisziplin Schwimmen. Nicht, dass unser Achim ein Weichei wäre. Vor heimischen Raubfischen hat er aber schon Respekt.

Der schleimige Klumpen, den die Wellen auf den Sand geschubst haben, könnte ein ehemaliges Käsebrötchen sein. Oder Teil einer Pampers. Oder vormaliger Inhalt dieser Schwäne, die keine zehn Meter entfernt im Schilf lauern, mit Heimtücke im Knopfauge. Sie werden mich anfallen, sobald ich ins Wasser gehechtet bin.
Es ist kurz vor sieben und menschenleer an der Krummen Lanke, abgesehen von ein paar Walkern, die mit ihren Stöckchen Schlangenlinien in den Waldboden ziehen. Walker sind egal. Die fallen als Zeugen aus. Walker sind die Hirntoten unter den Waldbesuchern. Hat man jemals gehört, dass ein Walker eine Leiche im Wald fand? Nein, es waren immer Jogger. Walker legen sich wahrscheinlich entkräftet neben eine Leiche und warten auf den Krankenwagen, der sie nach Hause transportiert, liegend natürlich.
Manche Gedanken macht man sich nur, um Zeit zu gewinnen. Zum Beispiel, wenn man in Badehose im Sand steht, sich das Wasser grau und feindselig um die Füße schleicht und die eher unschönen Teile der Nahrungskette wie ein Absperrband vor einem liegen.

Warum um Himmels willen sollte ich da reinspringen? Warum überhaupt schwimmen? Es gibt Boote, Brücken, Uferwege, Jesus. Schwimmen ist die unökonomischste aller Fortbewegungsarten. Maximal anstrengend bei minimalem Vorwärtskommen. Nass und kalt ist es obendrein. Schwimmen ist eine reine Notfallfähigkeit, die man beherrschen sollte, aber praktisch nie anwenden muss im Leben. Es sei denn, man will Triathlet werden.
Bis zu den Waden habe ich mich schon ins Wasser vorgearbeitet. Irgendwas schnappt nach meinen Füßen. Wie war die Geschichte mit dem Killerwels, der letzten Sommer einen Pudel vom Ufer in den See gerissen hat? Und die Schlingpflanzen erst, die da draußen lauern. Man verheddert sich, schlägt um sich, verheddert sich noch mehr und unerbittlich ziehen einen die Pflanzen hinab. Exakt auf diesen Moment wartet der Wels. Und dann schnappt er zu und frisst mich auf.
Ein Walkerpärchen hat sein mörderisches Tempo gedrosselt und steht nun kichernd hinter mir. Die beiden haben ihre Krückstöcke in den Sand gerammt und reißen sich die Hochtechnologiefasern von den schlaffen Leibern. Ein Aroma von altem Iltis hängt plötzlich über dem Morgen. Schlimmer als Walker sind nur nackte Walker. Die beiden Sportskanonen stürzen sich quiekend ins Wasser. Angeber, dämliche. Also gut. Ich zähle leise bis drei. Dann ein paar kraftvolle Schritte, die Arme ausgebreitet und den Johnny Weissmüller gemacht.
Vorsichtshalber beginne ich mit Brustschwimmen. Kraulen ist so eine Sache: Nach sechs bis sieben Zügen bin ich vollständig entkräftet. Und der Weg zur Boje ist weit. Sobald sich mein sensibler Hochleistungsorganismus an die feindliche Umgebung gewöhnt hat, werde ich ein paar Kraulzüge machen. Dann Brust zum Erholen. Dann wieder Kraul. In ein paar Jahren werde ich dank dieser ausgefeilten Methodik 100 Meter am Stück bewältigen können.
Wenn man das Ufer hinter sich gelassen hat, wird das Wasser sauberer. Leider auch kälter. Ich schwimme und schwimme, aber die

verdammte Boje kommt keinen Millimeter näher. Vielleicht eine Wanderboje. Ich werde die ersten Kraulzüge machen. Wie war das noch? Dreier-Atmung, wegen der Stabilität, den Arm anwinkeln und unter den Körper drücken, die flache Hand am Oberschenkel entlang aus dem Wasser führen, so als ob man sie aus der Hosentasche zieht.
Verdammt. Zu viel Technik gleichzeitig. Ich schlucke Wasser. Husten. Luftschnappen. Zu Hilfe. Wo bleibt die Deutsche Gesellschaft zur Rettung Schiffbrüchiger? Wozu schmeiße ich mein ganzes Leben lang in jeder Kneipe ein paar Münzen in die Plastikschiffe auf dem Tresen? Ich mache toter Mann. Das Wasser schmeckt merkwürdig. In irgendeinem Berliner See soll seit 60 Jahren ein britisches Jagdflugzeug liegen, samt Pilot. Ich schwimme lieber wieder. Was ist, wenn ausgerechnet heute Morgen der letzte Rest vom Sicherheitsgurt durchgegammelt ist und der arme Kerl direkt unter mir aufsteigt? Ich spüre schon was an meinem Bauch. Da, die Boje.
Auf dem Rückweg mache ich zehn brillante Kraulzüge am Stück. Ich spüre respektable Muskelstränge in den Schultern wachsen. Die Schwäne lauern am Ufer, aber sie haben offenbar Respekt vor meiner kraftvollen Anmut. Ich denke an Hawaii. Wenn das hier 380 Meter waren, dann müsste ich nur noch neunmal hin und zurück. Was kümmern mich die Quallen, Haie und Flugzeugträger im Pazifik. Ich habe nackte Walker und gierige Welse überlebt.

ACHILLES' TIPP 46

Mach mir den Mark Spitz

Schwimmen ist eine ausgesprochen anstrengende Angelegenheit. Militante Laufkameraden können der Fortbewegung zu Wasser schon deswegen nichts abgewinnen, weil die Muskelmasse am Oberkörper durch regelmäßiges Schwimmen deutlich zunimmt, dadurch auch das Körpergewicht, was sich wiederum negativ auf Statik und Laufleistung auswirkt. Andererseits: Wer viel läuft, hat gelegentlich Probleme mit dem Rücken oder der Hüfte. Eine halbe Stunde Kraulen, zweimal die Woche, entspannt die Wirbelsäule und stabilisiert den ganzen Körper. Kurz vor Olympia können die Freaks das Schwimmtraining ja wieder absetzen.

47.
BRILLEN? VIEL, MANN!

Triathlon-Novize Achim glüht vor Wettkampffieber. Letzte Vorbereitungen für den Holsten-Cityman. Läuft man besser in einer Radhose? Oder radelt es sich besser in einer Laufhose? Und welche Socken wählt man zur Designerbrille?

Heißa, die Panik ist wieder da. Wie vorm Marathon. Schöne, echte, ehrliche, nackte Angst. Diesmal nur viel mehr. So viel neues. Triathlon meint abtrocknen, zweimal umziehen, Schuhe wechseln.
Gestern mal probehalber im Garten aus dem Neo gepellt, mit einem Fuß in dem verfluchten Gummiteil stecken geblieben und wie eine Bahnschranke auf den Rasen gekippt. Mona hat sich schlapp gelacht. Welcher Idiot hat eigentlich Foto-Handys erfunden?
Klaus Heinrich sagt, das Schlimmste am Triathlon seien die Wechsel, vor allem der vom Rad zum Laufen. Das ist natürlich Unsinn. Klaus Heinrich ist einfach nur ein elendes Sensibelchen und horcht ständig auf jede Faser im Leib. Hätte er prächtige Läufermuskeln wie ich, würde ihm das bisschen Wechseln nichts ausmachen.
Sicherheitshalber mache ich heute trotzdem noch mal Spezialtraining. Acht Kilometer Rad auf dem Kronprinzessinnenweg, dann einen Kilometer laufen, wieder acht auf dem Rad, noch mal laufen, so lange, bis ich was merke. Also stundenlang. Gewechselt wird im Kofferraum auf dem Parkplatz Hüttenweg.

Das Schönste am Triathlon ist die Materialschlacht. Für ein Stündchen Training braucht man einen kompletten Kombi voll Klamotten. Und hat immer noch nicht genug. Rad-Schuhe mit Klötzen, dazu leichte Laufschuhe für Achims Gazellensprint, und die Adiletten für hinterher.
Aber welche Socken? Müssen ja für beide Disziplinen taugen. Die bunten Asics-Tukan oder Gore clima control? Sicherheitshalber beide. Und die Falkes RU 4 noch dazu. Dann der Strauß Hosen: Kann man besser mit einer Radhose laufen oder mit einer Laufhose Rad fahren?
Mütze oder Piratentuch? Dazu natürlich Werkzeug. Ersatzschlauch. Die Standluftpumpe. Handtuch. Und Verpflegung. Eine Flasche Carboload, eine mit Magnesium-Konzentrat und eineinhalb Liter französisches Designer-Eau zum Füßewaschen. Brillen? Viel, Mann! Heute mal die schwarze, wie Lance. Warum sind diese popeligen Plastikdinger eigentlich so teuer, Herr Oakley? Hört er leider nicht. Ist gerade auf seiner 60-Meter-Yacht im Champagnerpool ertrunken.
Am Hüttenweg ist die Hölle los. Walker-Alarm. Skater mit Kinderwagen. Radrennfahrer, die fluchend durch die Menge schneiden. Rentner mit Kniestrümpfen auf Hollandrädern. Autos. Geschrei. Halbnackte Tattoo-Elsen. Warum arbeiten all diese Faulpelze am helllichten Tag eigentlich nicht?
Ich friemle Rolands öligen Renner zusammen. Jede Bewegung sitzt. Na ja, fast. Der Sattel ist zu hoch. Und die Schraube die falsche. Ich habe drei Dutzend Inbusschlüssel dabei. Die Hälfte davon ist von Ikea. Und der einzig passende liegt zu Hause. Ich fürchte Quetschungen in der Delikatessenabteilung. Diskretes Ordnen des Rennhoseninhalts mit Kettenfettflossen. Wie erklär ich Mona bloß die schwarzen Flecken?
Ab auf die Piste. Als Erstes drei eiernde Skater umkurvt. Von hinten surrt ein Schwarm Renner heran. Die haben mindestens 40 Sachen drauf. Ich hinterher. Windschatten. Kopf runter. Dranbleiben, Achim, einfach dranbleiben. Wir fliegen. Hirnpuls-

pochen. Nach sieben Minuten ist die Rennstrecke am Ende. Ich auch. Die Jungs fahren weiter Richtung Glienicker Brücke. Ich im Regenerationstempo zurück.

Wechseln. Rolands Vorderrad raus, die Karre ins Auto. Radschuhe aus. Laufschuhe an. Einen Schluck aus der Carbo-Pulle. Renn, Laufhamster, renn! Irgendwie fühlen sich die Beine anders an als sonst. Wackeliger. Sollte das von den paar Minuten auf dem Rad kommen? Ach Quatsch. Aber vorsichtshalber nicht so lange laufen. Zurück an den Kofferraum. Rad raus. Schuhe gewechselt. Kaltes klares Wasser.

Zurück auf die Straße. Skatende Blagen anpöbeln. Das baut auf. So richtig rund will der Tritt nicht werden. Das ist wohl das Tückische beim Wechsel-Training: Das Radfahren tut vom Laufen weh und umgekehrt. Eigentlich sollte ich jeweils fünfmal trainieren. Das wären immerhin 40 Kilometer Rad und 5 Kilometer Laufen. Aber heute ist es zu heiß. Und zu voll. Zu viel Ozon in der Luft. Und Steinchen im Schuh, von der blöden Wechselei. Übertraining ist ganz gefährlich, und so schnell passiert. Damit ist nicht zu spaßen. Jetzt erstmal ein Bier. Das gibt's in Hawaii ja nicht.

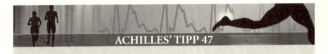

ACHILLES' TIPP 47

Wechselfieber

Für einen Marathonläufer sollte ein Olympischer Triathlon von weniger als drei Stunden eigentlich locker aus den Beinen kommen. Problematisch sind die Wechsel, speziell der vom Rad zum Laufen. Eine tückische Angelegenheit. Die zehn Kilometer können für Neulinge zur Höllenqual werden, wenn man den Wechsel vorher nicht geübt hat. Durch das Wechseltraining tut das Laufen zwar nicht weniger weh – aber der Sportler weiß schon mal, was auf ihn zukommt.

48.
IM TIEFEN TAL DER BEUTELRATTEN

Endlich ist es geschafft. Achim hat seinen ersten Triathlon mehr oder weniger erfolgreich hinter sich gebracht – und dabei wieder jede Menge Erfahrung für künftige Herausforderungen gesammelt. Speziell im Bereich der Ernährungswissenschaften.

Wenn einer am Sonntagmorgen in strömendem Regen barfuß im Taucheranzug über den Hamburger Jungfernstieg schlurft, dann ist er entweder ein Perversling und reif für die geschlossene Anstalt – oder ein Triathlet. Gerade hatte ich mich von der drallen Katja gelöst, die mir im Detail erzählt hatte, wie ihr Freund, der Jörg, voriges Jahr auf der Schwimmstrecke von Meter 500 bis Meter 1000 praktisch durchgehend gereihert habe, da trete ich in etwas Schleimig-Klebriges: ein Beutel Power-Gel, Geschmacksrichtung Apfel-Guarana.

Früher haben sie Shampoo daraus gemacht. Oder Haargel. Endlich ist das Geheimnis gelöst, wie die Leningrad Cowboys ihre Frisuren befestigt haben. Jeder Zweite hier reißt heimlich alle paar Minuten mit den Zähnen so einen Beutel auf und drückt sich die Klebe in den Mund: Kohlehydrate, viele, kleine, Magenschleimhaut und Darmzotten verleimende Moleküle. Von wegen Fettverbrennung. Triathlon ist Gel-Verbrennung. Im tiefen Tal der Beutelratten.

Zum Glück ist die Schwimmstrecke von 1500 auf 900 Meter verkürzt. Zu kalt. Schön für Jörg: Da kotzt er 100 Meter weniger. Schön auch für mich: Mit meiner ausgefeilten Brust-Kraul-Technik könnte ich unter einer halben Stunde bleiben. Am Start halte ich meine Einzelkämpfermentalität im Zaum. Sollen sich doch die anderen die Hacken in die Weichteile bohren. Ich mache auf Tante Frieda im Hallenbad. Bei Regen und Kälte geht nichts über Schwimmen. Im Neo ist es weniger nass und kalt als draußen.
Die Passage unter der Stadthausbrücke ist ekelerregend. Im Backstein voll geschissene Taubenlöcher und im Wasser ausgelutschte Gel-Beutel vom vergangenen Jahr. Vom Ausstieg bis zum Rad ist es ein knapper Kilometer. Es regnet. Meine uralte Karre ist nicht zu übersehen zwischen all den tiefergelegten Kohlefaserteilen mit Scheibenrad. Trotzdem zwei Erfolgserlebnisse: Ich bin nicht der Letzte, und ich lege mich beim Neoauspellen nicht auf die Fresse. Ärgerlich: Die Socken wollen nicht über die nassen Füße. Mein Kopf ist auch aufgequollen: Der Helm passt nicht mehr. Dafür klemmt der Radschuhverschluss. Die Radhose hängt auf halb sieben. Am Zaun grienen gottverdammte Spanner, delektieren sich am alstergekühlten Schrumpfgemächt. Der Typ neben mir quetscht sich zwei Beutel mit Vanille-Aroma ins Gesicht und saust barfuß los. Kann ich auch. Hart, härter, Achim.
Radfahren bei Regen ist eine überflüssige Angelegenheit. Der Vordermann walzt mir einen steten Strom Wasser ins Gesicht. Es schmeckt süßlich. Hoher Gel-Anteil. Klaus Heinrich hatte mir auch zwei Beutel zugesteckt. »Italienische Ware«, hatte er verschwörerisch geraunt, so, als ob es etwas Illegales wäre: »Knallt super.« Den ersten Beutel habe ich mit den Zähnen nicht aufgekriegt. Drücken war keine gute Idee. Es knallte tatsächlich. Flatsch, hing mir der Kleister im Gesicht. Mit der Zunge habe ich aber noch eine Menge erwischt.
40 Kilometer sind eine elend lange Strecke. Schon nach der Hälfte hatte ich keine Lust mehr. Der Gedanke ans Laufen brachte mich um. Mein Körper gierte nach Kohlehydraten. Ich machte

mich über den zweiten Beutel her und lutschte auch noch die Farbe von der Alupackung.
Wieder Wechsel. Bücken zum Schuheschnüren. Knie wollen nicht biegen. Füße fühlen sich tot an. Schmerz überall. Zehn Kilometer Martyrium, das war klar. Jeder Schritt wie in Betonpuschen. Wo ist der Gel-Automat? Ich will neue Oberschenkel. Ich kann mich an nichts mehr erinnern. Nur an Monas Gesicht bei Kilometer acht. Meine Elendsgestalt hätte ihr peinlich sein müssen, aber sie brüllte: »Super, Achim!« Wunderbare Frau. Sie war mit einer Freundin frühstücken gewesen. Ich sah große Croissants vor mir fliegen, mit Marmelade. Schüsseln mit Mohn-Marzipan-Joghurt.
Ich taumele durch die Hamburger Innenstadt. Das Toben der Millionen weist mir den Weg. Ich kann nicht mehr. Ich schwebe. Ich will nicht mehr. Ich könnte noch Stunden. Ich laufe und laufe. Ziel, Ziel, wo ist das Ziel? Ein gelbes Band würgt mich. Eine Hilfskraft hat mir eine Medaille umgehängt. »Ist ja gut«, sagt sie, »Sie haben es geschafft.«

ACHILLES' TIPP 48

Alles voller Klebe

Die Verpflegung auf der Strecke ist ein Lieblingsthema des Ausdauersportlers. Während der Marathon-Läufer Frau, Kinder und Verwandte nach einem ausgeklügelten System alle 7 Kilometer am Straßenrand postiert, wo sie mit verklebten Flaschen warten, in denen nach geheimnisvollen Rezepturen angemischte Powerdrinks schwappen, neigt der Triathlet zur Selbstversorgung. In der Flasche am Rad ist Flüssiges, auf Rahmen oder Lenker hat der Sportler gern Teile von Energieriegeln geklebt, die ohne Verpackung so aussehen, als habe Lassie was liegen gelassen. Sicherheitshalber hat der Triathlet auch noch ein paar Beutel Power-Gel im Renntrikot und in der Wechselzone gebunkert. Die Kalorienbilanz dürfte am Ende des Wettbewerbs bestenfalls ausgeglichen sein.

49.
DIE ELITE MIT DEN EDDING-ORDEN

Es ist völlig egal, welche Zeit man für einen Triathlon benötigt. Entscheidend ist, dass man einen Wettbewerb durchgestanden hat. Ein solcher Athlet schießt nämlich in der gesellschaftlichen Rangordnung auf eine Spitzenposition.

Über die Länge von T-Shirt-Ärmeln kann man wundervolle Ehekräche anzetteln. Mona sieht immer so rassig aus, wenn sie sich aufregt. Leider hat sie kein Verständnis für die wichtigen Dinge im Leben. Spuren von Edding-Stiften zum Beispiel. Beim Triathlon bekommt ja jeder Teilnehmer seine Startnummer als Temporär-Tattoo auf den schwimmgestählten Oberarm gekritzelt. Zur Identifikation, falls man den Wettbewerb als Wasserleiche beendet. Mit einem grünen Zettel am Zeh wäre es ja auch schwierig, die Schuhe zu wechseln. Diese Edding-Nummer jedenfalls ist die größte Trophäe des Triathleten: der Nachweis echter Heldentaten.

Würden bei Laufwettbewerben die Startnummern derart eingraviert, wäre die Beteiligung doppelt so hoch. Diese blöden Blechmedaillen, die es überall gibt, kann kein Mensch mehr auseinander halten. Außerdem sind sie in der Öffentlichkeit nicht zu tragen, ohne dass man für einen Karnevalsprinzen gehalten wird. Zu schwer sind sie auch. Ich hatte sie alle um meine Nachttischlampe gehängt. Neulich nachts sind sie runtergekracht, samt Lampe.

Mona hat die Medaillen am nächsten Tag in den Müll geworfen. Aber ich habe sie alle wieder rausgeangelt. Sie rochen kaum. Dann wurden sie im Keller versteckt, hinter Monas staubiger Staffelei. Edding-Startnummern sind kostbar. Orden des Ausdauersports. Sie müssen so lange wie möglich sichtbar gehalten werden. Beim Duschen halte ich den Oberarm immer ins Trockene. Ich habe auch schon versucht, die Nummer nachzuziehen. Aber das fällt auf. Und jetzt kommen die T-Shirt-Ärmel ins Spiel. Ich habe ein etwa 25 Jahre altes Leibchen mit Karl, dem Koyoten, darauf. Es liegt sehr körperbetont an, jugendlich eben, vor allem aber hat es extrem kurze Ärmel. Die Nummer ist zur Hälfte sichtbar, so, dass sie jeder sofort entdeckt, und trotzdem sieht es nicht wie angeberisches Zurschaustellen aus, was es natürlich ist.

Wenn ich heute Abend schon mitgehen muss zu Monas Freundin Lydia und ihrer sterbenslangweiligen Grillfete, dann will ich wenigstens auf die Zahl am Arm angesprochen werden. Angeben ist Ausdauersportlern allemal wichtiger als Training. »In diesem albernen T-Shirt nehme ich dich nicht mit«, belfert Mona, während sie eine CD mit tibetischem Klangschalen-Schmus in Geschenkpapier zwängt. »Wieso, das ist total angesagt«, entgegne ich trendkompetent, »vintage und so.« Mona schnaubt. »Na gut, bleibe ich eben zu Hause«, maule ich, »oder geh trainieren. Friss dich doch alleine fett.« Meine Gattin nimmt mich in den Polizeigriff und schleppt mich zum Auto.

Lydia und ihr Langeweiler-Freund Conny wohnen in Kleinmachnow in einer Reihenhaussiedlung, die auch in Coesfeld oder Eschborn stehen könnte. Vor jedem Haus parkt ein alberner Geländewagen, hinter jedem Haus qualmt ein Grill. Die Frauen hier besitzen alle Stepper und Schwitzgürtel aus dem TV-Shop und sparen für eine Rundum-Schönheits-OP.

Conny hat eine Schürze um, auf der ein nackter Frauenleib abgebildet ist. Das ist seine Sorte Humor. Er arbeitet als »Finanzdienstleister«, vulgo Lebensversicherungsaufschwatzer. Conny spielt Golf, die Schläger hat er gut sichtbar in seiner schwarzen

Geländekarre drapiert. Er erzählt, was jeder Golfer erzählt: »So entspannend, totale Herausforderung.« Aber auf dem Grill reicht es nur für fettes Bauchfleisch von einem Schwein, das den Kaiser noch erlebt hat. Der Nachbar ist auch da, er heißt Maik, macht keinen Schritt ohne die Pulle Lübzer. Ossi. Fußballproll. Trägt Union-Trikot und Dreiviertelhosen mit Bändsel, Flip-Flops mit Blumen und einen MP3-Player um den Hals. Nichts ist peinlicher als Väter, die versuchen, flippiger als ihre Söhne auszusehen. Maiks adipöser Spross ist Ersatztorwart in der 5. C-Jugend von Kleinmachnow.
Lydia lobt ihr »Low-carb-Buffet«, das vor allem aus matschigen Zucchini-Lappen und Paprikastreifen besteht. Die homöopathische Menge Fladenbrot, die die Hausherrin spendiert hatte, klebt längst in Connys Verdauungstrakt. »Kannste dich wenigstens mal waschen, wennste dich bei anderen Leuten durchfrisst?«, mault Conny auf seine plumpvertrauliche Art und zeigt auf meinen Arm. Danke, Conny, danke für diese Volley-Vorlage. »Was?«, frage ich, als wüsste ich gar nicht, was er meint. »Ach so, das ist nur die Startnummer vom Triathlon letztes Wochenende, die geht so schwer ab«, sage ich sehr beiläufig. Andächtiges Schweigen. »Dett ist doch Rad fahren, Laufen, Schwimmen«, erkundigt sich der dicke Maik. »Aber nur olympisch«, erkläre ich gnädig, »kein Ironman. Dafür fehlt mir einfach die Zeit.«
Die Männer nicken schweigend und gucken verstohlen an sich herab. Von Connys Stirn tropft Schweiß auf den Grill. Ich weiß, dass beide sich und ihre Wampen verfluchen. Ich weiß auch, dass unsere Frauen dem Gespräch sehr genau zuhören, das merkt man an der ungewohnten Stille im Großraum Hollywoodschaukel. »... er wird immer besser«, höre ich Mona wispern. Heute Abend werden sich die Herren noch was anhören müssen, jede Wette. Mein Mönchen dagegen wird stolz auf mich sein. »Im Herbst fange ich das Laufen auch wieder an«, sagt Maik. »Nee, klar«, sage ich. Wir machen uns noch ein Bier auf. Vom Golfen hat Conny den ganzen Abend nicht mehr erzählt.

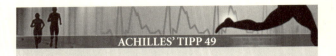
ACHILLES' TIPP 49

Sozialprestige

Außer Autos, Frauen, Handys, Uhren, Schuhen, Urlaubszielen, Wein, Zigarren, Brillen, Stühlen, Computern und Schreibgeräten ist es ja vor allem der Sport, der die breite bürgerliche Mitte Deutschlands sortiert. Der Fußballer rangiert eher am unteren Ende der Sozialprestige-Skala, während Golfer, Segler (wichtig: eigenes Boot!) und Reiter (eigenes Pferd!) das obere Ende zieren. Es gibt nur einen Sport, der alle toppt: Marathon, besser noch Triathlon. Einen solchen Wettbewerb beendet zu haben, das kann sich niemand erkaufen. Ausdauersport ist ein Stück soziale Gerechtigkeit.

50.
DER SONNTAG DER LEBENDEN LEICHEN

Was ist schöner als Marathon-Laufen? Beim Marathon zugucken. Was ist eigentlich peinlicher? Die Krücken am Ende des Feldes oder ihre Angehörigen am Straßenrand?

Sonntag war S/M-Tag. Zehntausende Masos auf Berlins Straßen. Und ich der grienende Sado, direkt am KaDeWe, mit der großen gelben Winkehand aus Pappe von Powerbar. Da, wo grundlos euphorisierte Klatschköppe eigentlich »Go, Papa« oder »Super, Elfriede« hinkritzeln, da stand bei mir: »Heul doch!« Und auf der Rückseite: »Tut's weh?« Einige der traurigen Gestalten hätten mir gern eine gescheuert. Wenn sie nicht so entkräftet gewesen wären.
Eigentlich wollte ich Klaus Heinrich sehen, aber der war wohl schon durch. Was nach ihm angeschlurft kam, war das Grauen. Von Laufen keine Spur. Nur humpelnde, schleichende, keuchende, strauchelnde Gestalten. Stierer Blick. Rote Rüben. Irres Grinsen. Schlabbernde Unterlippen. Wann kommt der Erste, der die Schneidezähne in den Asphalt schlägt, um sich ein paar Zentimeter vorwärts zu ziehen?
Ich will, dass sie aufgeben, direkt vor meinen Füßen. Ich verachte euch, wenn ihr nicht gerade über 60 seid. So wie Erhard Zipplies, der bei den Männern über 75 Jahre Zehnter wurde, und nebenbei 24495., also Letzter, mit sieben Stunden und sechs Mi-

nuten. Zehn Minuten vorher kam Egon Bethge (M80) ins Ziel, als Dritter seiner Altersklasse. Das ist großer Sport und gut für uns alle. Wenn Deutschlands Rentner laufen, dann verstopfen sie nicht dauernd die Apotheken, wo wir für unser Carnithin anstehen.

Aber all ihr anderen, ihr 20-, 30-, 40-jährigen Funrunner, ihr habt zu wenig trainiert. Seid maximal die ersten zwölf Kilometer gelaufen und bewegt euch seitdem als trottende Verkehrsblockade durch die Hauptstadt. Schämt euch, dass ihr ein so erbärmliches Bild abgebt. Geht walken. Und zieht das New-York-Marathon-T-Shirt aus. Das ist von Ebay, aber nicht von euch errungen, oder vielleicht vor 20 Jahren. Und hört auf, zu Hause zu erzählen, ihr wäret den Berlin-Marathon gelaufen. Ihr habt euch 42 Kilometer notdürftig und unästhetisch vorwärts bewegt. Ihr seid die Schande der Evolution, das Gegenteil von Vertretern einer stolzen, hochentwickelten Kulturnation. Allein die laufende Sebamed-Flasche nötigt mir Respekt ab: Bei der Hitze 42 Kilometer in einer Plastikverpackung zu laufen, das verdient eine eigene, die Werbeflaschen-Wertung.

Wer nachmittags um halb zwei bei Kilometer 34 am Straßenrand steht, der erschrickt angesichts dieser Heerscharen von Zombies, die fünf Stunden und länger brauchen. Es ist die B-Veranstaltung, die hässliche Schwester des stolzen Marathons, die mit Sport nichts mehr zu tun hat. Sie sehen aus, als seien sie auf dem Weg zum Wolfgang-Petry-Konzert. Höllehöllehölle. Manche haben das Handy am Ohr, die anderen ihre halbe Wohnungseinrichtung dabei: Trinkgürtel mit drei, vier Literbuddeln, dazu MP3-Player, ein GPS-Ortungsgerät, weil man rund um die Gedächtniskirche ja leicht mal verloren geht, dazu alberne Mützen, schwere Jacken, lange Hosen.

Zwei Stunden vorher kamen hier noch echte Sportler durch, jetzt schlägt die Stunde der Kasper. Wann wird der Erste seine Picknickdecke ausbreiten, um auf dem Grünstreifen in Ruhe seine Käsestullen zu verzehren? Ist es Zufall, oder stimmt es tatsächlich, dass besonders viele Tätowierte besonders langsam am Rand entlangwanken? Eigentlich klar. Wer sich Arme und Beine so aufwändig bekritzeln lässt, tut das ja nicht für sich, sondern für den Rest der Welt. Er will gesehen werden. Und welche Veranstaltung bietet mehr Zuschauer als der Marathon: eine Million an den Straßen. Also langsam gehen. Das erhöht die Kontaktzahl immer.

Ähnlich kalkulieren die muskelbepackten Sportstudio-Heinze, die mit ihren getigerten Strippen-Leibchen den Latissimus und die Brustbeulen wirkungsvoll in den Blick rücken. Acht Kilometer vor dem Ziel staksen sie auffällig breitbeinig. Zu viel Muckis am Oberschenkel erzeugen zu viel Reibung. Jetzt sind die Stählernen einfach wund gelaufen. Ich halte jedem mein Heuldoch-Schild vor die sonnenbankbraune Nase. Ich habe keine Angst vor dir, Fleischwurst. Heute nicht.

Früher, als Marathon noch Sport war, wurde die Zeitnahme im Ziel nach vier Stunden geschlossen, fünf wären auch okay, dann hätte sogar ich eine Chance. Für Bethge und Zipplies und ihre Altersgenossen kann man sie ja noch etwas länger offen halten. Für alle anderen nicht. Die Zuschauer würden von der GSG 9 verjagt, die Streckensperrung aufgehoben. Die Schlappschwänze müssten auf den Bürgersteig. Der ist schließlich für Spaziergänger da.

ACHILLES' TIPP 50

Wo ist die Grenze?

In der Läufergemeinde tobt ein Glaubenskrieg. Die Fundamentalisten finden, dass es keine große Leistung sei, sich in sechs, sieben Stunden über 42 Kilometer zu schleppen und würden den Marathon gerne denen vorbehalten, die auch wirklich laufen. Die Liberalen dagegen finden, dass es Leistung genug sei, sich über eine solche Strecke zu bewegen, dass der Spaß und die Gesundheit im Vordergrund stehen und nicht der Leistungsfetischismus. Achilles meint: Als Zuschauer sollen einem die Schlappen erspart bleiben, als Läufer dagegen kann es davon nie genug geben im Feld: Sie landen schließlich alle hinter einem. Vom medizinischen Standpunkt aus ist es in jedem Fall unvernünftig, sich schlecht trainiert auf die Marathon-Distanz zu begeben. Weder Bewegungsapparat noch Kreislauf sind auf solche Anforderungen eingestellt. Mag die Gattin auch stolz am Straßenrand kreischen – gesund ist das auf keinen Fall.

51.
EINE MISTKRÖTE NAMENS HERBST

Achim will, er will. Vor allem eines – nicht wieder schwach werden. Klar, es wird jetzt wieder frischer draußen. Auch feuchter, insgesamt ungemütlicher. Aber zählt das alles für Achilles? Hat dies Einfluss auf seine Motivation? Wir fürchten: ja.

Oh, goldner Herbst, wie liebe ich Dich.
Wenn Deine letzten zarten Sonnenstrahlen gelbleuchtende Inseln der Reinheit ins Herbstlaub tupfen, das Eichhorn sich einfältigen Blickes auf den Ästen tummelt, dann ist es nur das trampelnde Rhinozeros namens Läufer, das die selige Ruhe des Waldes stört. Dunkle Gedanken verhängen seine Miene, seine dumpfen Schritte klingen nach Wut und Verzweiflung.
Oh, goldner Herbst, wie trügerisch bist Du.
Schon bald wird Matsch dort sein, wo sich jetzt edle Pfade durchs Unterholz winden.
Oh, goldner Herbst, Du alte Mistkröte.
Warum bist Du so schwach, dass Du schon morgen vorbei sein kannst und fortan Deine nasskalte Kehrseite zeigst? Der eisige Wind wird peitschen, das erste Sibirientief lauert schon hinter den Wipfeln. Warum dauerst Du nicht einfach bis März?
Perfekte Herbsttage bedeuten für den Läufer eine unmenschliche mentale Prüfung. Sekunden des Genusses wechseln sich ab mit Stunden des Zweifels. Vorbei die Tage, als man mit geschwellter

Brust mitten durch den Biergarten am Schlachtensee galoppierte und fest überzeugt war davon, dass man anerkennendes Frauengeraune hinter sich gehört hatte, das niemandem sonst gelten konnte als dem elastisch dahinfedernden Megaläufer.

Aus und vorbei. Der Ausdauersportler ahnt, was auf ihn zukommt. Schnee statt Frauen auf den Bierbänken. Einsamkeit des Winterläufers. Motivation – was war das gleich noch? Wie zum Teufel rettet man die ohnehin nicht dolle Form durch den Winter?

Es wird eisig sein, dunkel und seelisch schmerzhaft. Die Anziehungskraft der warmen Höhle wird wieder übermenschlich, das Tal der Unlust noch tiefer als die Jahre zuvor. Dass der Wald ab November walkerfrei sein wird, ist nur ein schwacher Trost. Denn dann kommen die Langläufer, die ähnlich lästig sind.

Natürlich kann man sich ambitionierte Pläne machen: Mindestens viermal die Woche, morgens oder abends ab halb sieben. Wie toll, die kühle Luft.

Doch immer ist es dunkel. Und immer schreit ein kleines faules Schwein tief drinnen im Hirn: Was soll der Quatsch? Morgen ist auch noch ein Tag, und übermorgen erst. Vielleicht ist es dann wärmer. Oder heller. Oder sonst irgendwie besser. Vielleicht hat man sogar mal wieder Lust. Der nächste Wettlauf ist noch tausend Jahre weit entfernt. Und außerdem zieht es schon wieder dumpf in der Kniegegend. Mit einer nahenden Meniskusquetschung ist nicht zu spaßen. Lieber noch etwas Ruhe. Sofa, ich komme.

Ja, es nahen die Tage der autumnalen Laktatophobie, wahrscheinlich die weitverbreitetste Läuferkrankheit. Die autumnale Laktatophobie ist die unglaubliche Panik vorm Laufen in Herbst und Winter und geht oft einher mit der Lachanophobie, unter der außer mir auch Krissie Palmer-Howarth litt, mehr als 40 Jahre. Die Britin befiel eine unbändige Angst, sobald sie Tomaten, Gurken oder Karotten auch nur sah. In früher Jugend litt sie am Gestank im Gemüseladen ihres Onkels. Ihr weiteres Leben lang konnte sie nicht mal über Gemüse reden.

Geht mir ähnlich: Wenn Mona wieder mit ihrem Sprossensalat an Schlabbertofu ankommt, dann nehme ich mental Reißaus. Wenn ich dann noch irgendwo ein Läufermagazin sehe, das ich nachlässigerweise noch nicht ganz unten ins Altpapier gepresst habe, dann durchfahren mich Hitzeschübe und Ekelattacken. Flucht. Wahrscheinlich sind es frühe Traumata durch zu lange Aufenthalte in feuchtwarmen Umkleideräumen, die mit übel riechendem Läuferpack vollgestopft waren. Schon der Gedanke an einen Laufschuh stülpt mir den Magen um. Der Geruch von Thermo-Unterwäsche macht mich umgehend bewusstlos.
Krissie Palmer-Howarth hat ihre Lachanophonie mit Hypnose überwunden. Schon nach einer Sitzung konnte sie sich in der Nähe von Gemüse aufhalten, sogar ganz dicht an Brokkoli, den sie noch mehr hasste als alles andere Grünzeug.
Vielleicht sollte ich Mona bitten, einen Laufschuh am Schnürsenkel vor meiner Nase hin und her pendeln zu lassen. Dazu sagt sie langsam: »Du fühlst dich gaaanz schnell, Achilles, gaaanz leicht. Du willst jetzt sofort ins Freie und deine unbändige Kraft ausprobieren.« Dann schnippt sie, ich reiße ihr den Schuh aus der Hand, schlüpfe hinein und renne los: 8 mal 2000 Meter und dann gleich noch mal, weil es so schön war. Morgen probieren wir es vielleicht mal. Oder übermorgen.

ACHILLES' TIPP 51

Motivation

Achilles-Experte Gerhard Huhn rät:

1. *Akzeptieren Sie, dass Laufen anfangs anstrengend ist und Sie nicht immer eine gute Figur machen werden. Was soll's, alle haben mal so angefangen.*
2. *Hören Sie vor dem Training gute Musik – das gibt Schwung.*
3. *Versuchen Sie, sich daran zu erinnern, wie gut es Ihnen nach dem letzten Lauf ging.*
4. *Denken Sie sich eine Belohnung aus, etwa ein gutes Frühstück oder ein neues Paar Laufschuhe.*
5. *Geben Sie sich Zeit. Nach zwei bis drei Monaten wird Ihnen das Laufen leichter fallen, und dann macht es richtig Spaß.*
6. *Machen Sie Ihren Lauftermin zu einer festen Gewohnheit. Diskutieren Sie nicht jedes Mal aufs Neue mit Ihrem inneren Schweinehund.*
7. *Selbstsuggestion ist alles: Sagen Sie nicht: Ich muss laufen, sondern: Ich will (objektiv stimmt das ja auch). Nicht: Ich fühle mich schlapp, sondern: Laufen macht mich munter.*

ACHILLES' TIPP 51

8. Denken Sie an die unzähligen Kalorien, die Sie verbrennen, und wie viele Pizzen, Steaks und Schokoladen Sie dafür verspeisen können.
9. Lassen Sie einfach mal die Uhr zu Hause, und laufen Sie so lange und so schnell Sie wollen.

Mehr Ratschläge von Gerhard Huhn finden Sie auf www.achim-achilles.de

52.
DAS MAGNETISCHE SOFA

Am Ende der Saison ist Ruhe angesagt. Achilles übertreibt es damit gern. Egal. Nach der Saison ist vor der Saison.

Das Sofa saugt mich ein. Eine eigenartige Starre hat sich meines Körpers bemächtigt. Das Heben der Fernbedienung erfordert übermenschliche Kräfte. Karl und Mona sind im Kino. »Ich geh laufen«, hatte ich gesagt. Das war eine Lüge. Ich sollte laufen. Aber ich kann nicht aufstehen. Seit Wochen. Ich mag nicht. Es ist zu warm für Winter. Das ist verdächtig. Der Kälteeinbruch lauert garantiert schon an der deutschen Grenze. Er kommt genau dann, wenn ich losgelaufen bin. Und ich hole mir eine Zerrung oder Schlimmeres. Ein Japaner soll sich neulich das Gemächt abgefroren haben beim Lauftraining. Es fällt mir schwer, jetzt nichts Gehässiges zu denken. Vielleicht hat er einfach nur was übersehen. Der Japaner ist ja durchweg zierlich.
Es könnte auch regnen. Mit einer Lungenentzündung ist nicht zu spaßen. Ich müsste Antibiotika nehmen und dürfte nicht laufen. Ist doch viel gesünder, wenn man ohne Antibiotika nicht läuft. Auf nassem Laub kann man außerdem ausrutschen und sich alles brechen. Ich huste trocken. Die nächste Vogelgrippe ist im Anflug. Mir tut alles weh. Laufen? Lebensgefährlich, in meinem Zustand. »Sie sind schneller, als Sie denken«, sagt der amerikanische Laufpapst James Fixx. Ja, schneller auf dem Sofa.

Seit September bin ich nicht mehr ordentlich gelaufen. Regeneration ist wichtig. Sagen alle Mediziner. Gerade in meinem Alter. Der Infarkt lauert hinter jedem Kilometerstein. Im linken oberen Brustbereich zieht es so merkwürdig. Ich regeneriere sicherheitshalber noch ein Weilchen. Laufen ist eh langweilig. Und anstrengend. Ich habe ohnehin nichts zum Anziehen. Meine im Internet gestalteten Trendtreter schauen mich vorwurfsvoll an. Sie sehen gut aus, so nagelneu. Wollen geschont werden, gerade in dieser schmutzigen Jahreszeit.

Ich habe die Laufbücher rausgekramt. Die Motivationstricks sind überall gleich schlecht. Tolle Idee: Laufschuhe vors Bett stellen, damit man sie beim Aufstehen gleich sieht. Mir doch egal. Ich gucke sie seit Wochen jeden Morgen mit Abscheu an. Man möchte ja wenigstens anspruchsvoll veräppelt werden. Besiegen Sie Ihren inneren Schweinehund, schreien die Strunze. Warum soll ich ihm wehtun? Ich mag meinen Schweinehund. Er ist wie ich. Er will auch nicht laufen. Der einzige sympathische Hund auf der ganzen Welt. Du brauchst ein Ziel, sagt Steffny. Welches Ziel? Der November ist der brutalste Monat des Läufers. Zeit ohne Ziele. Saison vorbei. Ich war schlecht wie immer. Das nächste Rennen ist noch weit. Und ich werde nicht besser sein. Also Sofa.

Mir ist schlecht. Vielleicht hätte ich die 1000-Gramm-Packung mit den puddinggefüllten italienischen Keksen als Betthupferl aufbewahren sollen. Auf die drei Kohlrouladen mit Rahmwirsing von heute Mittag kommen die Kekse gar nicht gut. Schon gar nicht mit der klebrigen Lage dazwischen, einer Doppelportion Amaretto-Eis, das sich um die Bratkartoffeln schmiegt. Wer im Lauftraining steckt, kann essen, was er will und wird nicht dicker. Ich esse, was ich will. Aber ich laufe gerade nicht. Gestern habe ich ein neues Loch in den Gürtel gebohrt.

Ich sollte mich mal wieder auf die Waage stellen. Lieber nicht. Das Ding zeigt sehr unsauber an. Der Schock wäre womöglich groß, und meine Motivation völlig dahin. Morgen gehe ich zum Arzt. Er wird mir eine Laktatallergie bescheinigen. Vielleicht darf

ich in den Computertomographen. Jeder hat eine exotische Krankheit. Nur ich nicht.
Ich kann nicht so einfach wieder anfangen. Es wird wehtun. Ich werde mich hassen für meine Langsamkeit. Alle werden auf mich zeigen und grienen. Ich, der einsamste Mensch im Land des Hechelns. Quälende Sinnfragen: Warum soll ich laufen? Ich werde eh nicht schneller. Kenne jeden Feldweg. Habe panische Angst vor Kälte. Wozu halten Tiere Winterschlaf? Zu Recht. Mir reicht der Gedanke, dass ich wieder anfangen könnte, jetzt sofort, wenn es sein müsste. Aber es muss ja nicht sein.
Der Schlüssel klimpert in der Tür. Mona und Karl kommen zurück. Ich stelle mich schlafend. Karl springt mir auf den Bauch. »Schön weich«, sagt er. Ich bin für die Wiedereinführung der Prügelstrafe. »Hast du etwa zweieinhalb Stunden auf dem Sofa gelegen?«, fragt mich meine hyperaktive Gattin. »Natürlich nicht«, sage ich, nahezu wahrheitsgemäß. Schließlich bin ich zweimal aufgestanden, um den Kühlschrank nach einer kleinen Zwischenmahlzeit zu durchsuchen. Der Hungerast ist ja das Schlimmste, was Läufern passieren kann.

ACHILLES' TIPP 52

Richtig regenerieren

Der Herbst ist die Zeit des Abhängens. Knochen schonen, ausschlafen, den Regen mal aus geschlossenen Räumen erfahren und nicht immer als Peitsche im Gesicht. Aber Vorsicht: Regeneration kann zur Sucht werden. Ein festes Datum für den Neustart anpeilen und möglichst auch einhalten. Sieger werden im Winter gemacht, die alte Läuferweisheit gilt immer. Nur heute nicht. Ist gerade so schön warm und weich auf dem Sofa. Morgen geht's wieder los. Versprochen.

53.
ACHIMS GROSSES LÄUFERHOROSKOP

Wer regelmäßig das Training schwänzt, der hat zum Saisonstart nur eine große Hoffnung: dass wenigstens die Sterne günstig stehen. Im großen Läuferhoroskop erklärt Achim Achilles, welches Sternzeichen worauf achten muss.

Verdammt, wo sind meine magischen Socken? Ich kann nicht loslaufen ohne meine Zauberstrümpfe. Schon zum dritten Mal wühle ich das Klamottenfach durch. Dicke Socken, dünne Socken, schwarze Socken, aber keine magischen. »Meinst du die hier?«, fragt Mona. Meine Gattin steht an der Fensterbank, wo unser Friedhof der Single-Socken liegt, und hält mit spitzen Fingern ein trauriges Stück Textil in die Höhe. Da ist sie ja, meine kleine Süße.
Vor ungefähr drei Jahren bin ich genau in dieser Socke, damals nagelneu, weit über eine Stunde gelaufen und nichts, wirklich gar nichts tat weh. Es war eine Art läuferisches Lourdes, ein Wunder. Seither mache ich keinen Laufschritt mehr ohne meine magischen Socken.
»Wo ist die andere?«, frage ich Mona. Sie zuckt mit den Schultern. Oh nein, bitte das nicht. Sollte die zweite magische Socke tatsächlich verschwunden sein? Ich falle auf die Knie und suche unter dem Bett. Nichts. Hinter dem Schrank? Nichts. Neben dem Wäschekorb? Nichts. Tiefe Läufer-Depression befällt mich. Ich werde nie wieder glücklich laufen können.

Mit den Jahren wächst der Aberglaube sich bei Läufern zu einer massiven Macke aus. Wenn weder Training hilft, noch neue Klamotten, nicht mal frisches Läufer-Wissen über die dümmsten Gesundheitsirrtümer, dann spätestens neigt der Routinier zum Wunderglauben. Mein Lauffreund Klaus-Heinrich schwört zum Beispiel auf seine ehemals gelben Schnürsenkel, die von Laufschuh-Paar zu Laufschuh-Paar migrieren. »Damit bin ich einfach schneller«, findet er. »Nee, klar«, sage ich und griene innerlich. Gegen meine magischen Socken hat er keine Chance.
Nur: Wie soll ich ihn jemals wieder in Grund und Boden rennen ohne meine Wundersocken? Ausgerechnet zum Saisonstart ist mir das Schicksal nicht gnädig? Stehen meine Läufersterne etwa ungünstig in diesem Jahr? Höchste Zeit für ein Läufer-Horoskop, das verrät, was von dieser Saison zu erwarten ist. Und natürlich für jedes Jahr zuverlässig gilt.

Fische (20. Februar – 20. März)
Laufende Fische zeichnen sich durch große Beharrlichkeit aus. Immer wieder nehmen Sie sich vor, zu trainieren. Doch ein starker Venus-Einfluss verhindert auch in diesem Jahr die Übungseinheiten. Suchen Sie Ihre Bestätigung in Laufschuhen und nicht in der Biber-Bettwäsche. Treffen Sie eine Entscheidung: Tartan oder Torte? Sonst wird das wieder nichts mit dem Marathon.

Widder (21. März – 20. April)
Beim Tempotraining cool bleiben. Ihren Gegnern ist jedes Mittel recht, um Sie auf den letzten Metern zu demütigen. Aber das sind Sie gewohnt, das macht Ihnen nichts aus. Konzentrieren Sie sich auf die wirklich wichtigen Dinge im Leben. Bei Ihrem Tempo bleibt ja Zeit genug, die Gänseblümchen im Stadionrasen ausgiebig zu betrachten und im Vorbeitraben zu pflücken. Zeigen Sie Ihre Laufleidenschaft, indem Sie möglichst lange auf der Strecke bleiben. Aber hüten Sie sich vor irgendwelchen Hoff-

nungen auf eine neue Bestzeit. Ein Gänseblümchenstrauß ist doch auch schön.

Stier (21. April – 21. Mai)
Das wird Ihr Laufjahr, vorausgesetzt, Sie warten mit dem Trainingsstart nicht wieder solange, bis die Außentemperatur 20 Grad beträgt. Ein starker Rifrigeratus-Einfluss lässt Sie immer wieder zum Kühlschrank schleichen, gern auch nach Mitternacht. Zudem besteht die Gefahr, dass Sie Ihre Zeit wieder mal im Laufgeschäft vertrödeln, um mit dem freundlichen Provisionsjäger über die Vorzüge semigestützter Lightweight-Schuhe zu philosophieren. Am Start zu Ihrem ersten Wettbewerb werden alle Mitläufer belustigt auf die Bügelfalten in Ihren bislang ungetragenen Laufklamotten starren. Trennen Sie wenigstens vorher die Preisschilder heraus.

Zwilling (22. Mai – 21. Juni)
In diesem Jahr ist endlich Schluss mit dem Single-Dasein. Eine gute alte Laufbekannte hat ein Auge auf Sie geworfen. Sie ist zwar weder schön noch schnell, aber das sind Sie ja schon. Sie werden mit romantisch beleuchteten Stirnlampen-Trainingsläufen verwöhnt, gemeinsamen Besuchen beim Orthopäden und erotischen Momenten in der Umkleidekabine vom Laufgeschäft. Doch Vorsicht vor Konflikten nach gemeinsamen langen Läufen: Bei der Frage, wer zuerst unter die Dusche darf, ist mit ihr nicht zu spaßen.

Krebs (22. Juni – 22. Juli)
Achtung, es droht Gefahr für die Partnerschaft. Die nette Dame, die Ihre speckigen Laufhosen in die Waschmaschine stopft und hinterher aufbügelt, ist Ihre Ehefrau. Und sie könnte es in diesem Jahr endgültig satt haben, Ihnen Kühlpacks aufzulegen, den verspannten Steiß zu massieren und beim Marathon-Training mit dem Klapprad nebenher zu hecheln, um isotonische Getränke

anzureichen. Belohnen Sie die Gute doch mal mit einem spontanen Kurzurlaub. Zum Beispiel einer Laufreise.

Löwe (23. Juli – 23. August)
Sie sind stark, Sie sind motiviert, und die zerfetzte Achilles-Sehne ist mit ein paar starken Schmerztabletten auch ganz gut zu ertragen. Wenn Sie in wenigen Wochen den Gips abnehmen dürfen, der den Ermüdungsbruch bislang zusammenhielt, dann werden Sie sofort wieder losrennen. So wie jedes Jahr. Und zwei Wochen später werden Sie die nächste Verletzung haben. Als Gewohnheitsmensch dürfte Ihnen dieser Saisonverlauf vertraut sein. Immerhin sind Sie in Ihrer Apotheke schon zum dritten Mal »Kunde des Monats« geworden.

Jungfrau (24. August – 23. September)
Das Sensibelchen unter den Ausdauersportlern tüftelt in diesem Jahr an besonders ausgefeilten Ausreden, um nicht laufen zu müssen. Nach Wetter, Rücken und Fühl-mich-nicht ist diesmal die Ausrüstung schuld: Funktionswäsche, die zu laut atmet, Silbersocken, die pieken, und Schuhe, die derart gedämpft sind, dass sie am Boden kleben. Venus sorgt praktischerweise für eine besonders heftige Heuschnupfensaison. Dann heult sich's praktisch von allein. Nicht wundern, dass die Form auf sich warten lässt. Liegt alles am Wetter.

Waage (24. September – 23. Oktober)
Achtung, im Mai wird Sie Ihr Partner verlassen. Sie merken es aber erst im Oktober, denn bis dahin rennt sich die ehrgeizige Waage Tag und Nacht beim Training die Hacken wund. Anerkennung von den Sportkameraden winkt, denn wie kann man sein Übertraining schöner dokumentieren als mit spontanem Erbrechen unter der Dusche. Kommt vor Sehnenknarzen nachts nicht in den Schlaf, was aber egal ist, da er eh morgens um fünf schon wieder losrennt. Waagen werden in diesem Jahr allerdings

selten bis ins Ziel gelangen, weil sie viel zu schnell losrennen und spätestens auf der Hälfte des Marathons gegen ihre Krämpfe anbrüllen. Waagen sind das natürliche Zuhause des Ermüdungsbruchs, die besten Kunden der Rehabilitationsmedizin und für alle anderen Läufer der Beweis, dass Übermotivation die schlimmste aller Sportlerkrankheiten ist.

Skorpion (24. Oktober – 22. November)
Eine starke Uranus-Strahlung sorgt dafür, dass es wohl wieder eine einsame Saison werden wird. Charakterlich werden Skorpione auch in diesem Jahr kaum überzeugen können. Sie boxen die Rivalen schon vor der Startlinie weg, fegen an der Verpflegungsstelle alle Wasserbecher vom Tisch, damit die Gegner verdursten, und reißen beim Zieleinlauf jeden Überholer am Hosenbund zurück. Keine Freunde und nicht mal viele Pokale in der heimischen Vitrine. Denn die anderen Skorpione sind auch nicht besser.

Schütze (23. November – 21. Dezember)
Der Gerechtigkeitsfanatiker muss auch in diesem Jahr feststellen, dass er für einen knallharten Verdrängungssport wie das wettbewerbsmäßige Laufen nicht gemacht ist. Entschuldigt sich bei jedem, den er überholt, dankt den Helfern an der Strecke überschwänglich, herzt Polizisten oder verteilt selbstgezogene Astern an die Zuschauer. Deswegen wird sein Marathon auch in diesem Jahr weit über sechs Stunden dauern. Ideal als Kampfrichter oder Helfer am Sauerstoffzeltplatz im Ziel. Für echten Sport nicht zu gebrauchen. Wird spätestens nach einem Jahr zum Sudoku wechseln. Oder läuft demnächst statt beim Marathon einfach beim Kölner Karneval mit.

Steinbock (22. Dezember – 20. Januar)
Starker Einfluss von Alpha Centauri hat dafür gesorgt, dass Steinböcke auch diese Saisonvorbereitung wieder mal mit heftigem

Grübeln vertrödelt haben, über den Sinn des Laufens, den Unsinn des Trainingsplans und die Notwendigkeit gelegentlichen Atmens. Ergebnis: eigentlich keins. Dafür kaum Kilometer in den Beinen. Achtung: Beim Nachdenken, ob man sich zu einem Rennen anmelden soll oder nicht, nicht wieder alle Fristen versäumen. Und noch mal Achtung: Beim Sinnieren über das richtige Verkehrsmittel zum Rennen kann man leicht mal den Start verpassen.

Wassermann (21. Januar – 19. Februar)
Der ewige Individualist weigert sich auch in diesem Jahr, an organisierten Laufveranstaltungen teilzunehmen. Wie degoutant: Da kann ja jeder mitmachen. Zockelt stattdessen weiterhin allein durch den Wald in der Hoffnung, vielleicht einem einsamen Stier den Weg ins gemeinsame Glück weisen zu können. Vorsicht: Der Versuch, immer alles anders als die anderen machen zu wollen, ist ehrenwert, aber selten von Erfolg gekrönt: Schleichläufe statt Tempoeinheiten, Bergstiefel statt Lightweight-Runners und Daunenjacke statt luftigem Leibchen führen selten zu Bestzeiten, aber oft zu Bänderrissen, Hitzeschocks und Zwangseinweisungen. Immerhin: Mars verspricht im Winter gute Chancen bei der Partnersuche; daher zur Weihnachtsfeier endlich mal wieder frische Unterwäsche anziehen und nicht die klebrigen Laufsachen.

*unverb. Preisempf.

Jetzt als Hörbuch: sportlich gelesen von Heikko Deutschmann

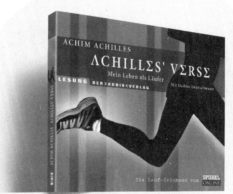

Lesung. 1 CD. 79 min. € 14,95*
ISBN 3-89813-528-4

D>A<V www.der-audio-verlag.de

Achim-Achilles.de
Das große Portal für alle Läufer

→ **Experten-Tipps**

→ **Tausende Laufstrecken**

→ **Läufer-Community**

→ **Trainingspläne**

Für Walker verboten

Die erfolgreiche Spiegel-Online-Kolumne als Buch

»Achim Achilles ist ein Kämpfer, ein stiller Held des Alltags, ein Gebrauchsphilosoph. Auf kleinen Läufen durchdenkt er die ganz großen Probleme der Menschheit.« *Rundfunk Berlin-Brandenburg*

»Sehnen lügen nicht.« *Achim Achilles*

»Achilles' Verse sollte es auf Krankenschein geben.«
René Hiepen, ZDF-Moderator und Marathon-Läufer

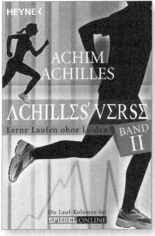

978-3-453-60094-2

Achim Achilles
Achilles' Verse II
Lerne Laufen ohne Leiden
978-3-453-60094-2

Achim Achilles
Achilles' Laufberater
Training, Idealgewicht, Gesundheit, Motivation: Antworten auf alle Läufer-Fragen
978-3-453-60055-3

Achim Achilles
Das Walker-Hasser-Manifest
Warum muss ein ganzes Land am Stock gehen?
978-3-453-60071-3

Achim Achilles
Der Lauf-Gourmet
Schlanker, schneller, satter
978-3-453-60156-7

Leseproben unter: **www.heyne.de**

HEYNE ‹